BIOGRAPHIES ALSACIENNES

ET

PORTRAITS EN PHOTOGRAPHIE

PAR

Ant. MEYER

4me SÉRIE. — 1re LIVRAISON

DIETSCH, Gustave.
Charles FRIEDEL. — LAUGEL, Auguste.
SCHWILGUÉ, Jean-Baptiste.

COLMAR
Ant. MEYER, Éditeur, rue des Clés, 18.

1887

COLLABORATEURS

M. Angel INGOLD, directeur. — Mme BECK-BERNARD. — MM. G. FISCHBACH. — Ch. GOUTZWILLER. — Ch. GRAD, député. — J. GUERBER, député. — M. HEID. — G. A. HIRN. — Arm. INGOLD. — X. MOSSMANN. — Rod. REUSS. — Ad. SCHÆFFER. — Ch. SCHMIDT, etc., etc.

CONDITIONS D'ABONNEMENT

On s'abonne pour une année.

Chaque livraison est expédiée contre remboursement, pour :

L'Alsace, (6 livr. par an) . . . . . . fr. 24,—
L'Etranger,   »   . . . . . . » 26,-

Les abonnés qui désirent recevoir franco sans remboursement, sont priés d'envoyer le montant de leur abonnement à M. Meyer, en même temps que leur souscription.

BIOGRAPHIES
ALSACIENNES

Recueil publié sous la direction de

ANGEL INGOLD

avec la collaboration de

MM. H. CETTY, L. DACHEUX, Ch. GOUTZWILLER,
Ch. GRAD, J. GUERBER, M. HEID, G. A. HIRN, Arm. INGOLD,
Ern. MEININGER, X. MOSSMANN, Rod. REUSS,
Ad. SCHÆFFER, Ch. SCHMIDT,
etc., etc.

PHOTOGRAPHIES

par

Ant. MEYER

QUATRIÈME SÉRIE

COLMAR

Ant. Meyer, éditeur, rue des clefs, 18

1887-88

tous droits réservés

COLMAR
IMPRIMERIE J. B. JUNG & Cie
1888

TABLE

1. Dietsch, Gustave.
2. Friedel, Charles.
3. Laugel, Auguste.
4. Schwilgué, Jean-Baptiste.
5. Schlumberger, Jules-Alb.
6. Schutzenberger, Charles.
7. L'abbé Simonis.
8. Stoffel, Jean-Georges.
9. Albrecht, Ignace.
10. Bernhard, Marie-Bernard.
11. Schuler, Theophile.
12. Willm, Joseph.
13. Deck, Joseph-Théodore.
14. Guerber, Joseph.
15. Nessel, Xavier-Joseph.
16. Steinheil, Gustave.
17. Baron de Berckheim, Frédéric-Sigismond.
18. Doré, Louis-Aug.-Gustave.
19. Græff, Auguste.
20. Gros, Jacques-Gabriel.
21. Gérard, Charles-Alexandre.
22. Lang, Irénée.
23. La famille Sultzer.
24. Zuber, Hubert-Jules-César.
25. Jecker, François-Antoine.
26. Kuhlmann, Charles-Fréd.
27. de Schauenburg, Balthazard.
28. Zuber, Henri.
29. Kiener, Jean.
30. Mgr. Aloyse Kobès.
31. Leblois, Georges-Louis.
32. Rencker, Marie-Antoine-Edouard.
33. Berckheim, Sigismond-Guillaume, Baron de.
34. Rieder, Jacques-Amédée.
35. Schlumberger, Gust.-Léon.
36. Véron-Réville, Amand-Antoine.
37. Klein, Jules.
38. Reuss, Ernest-Rodolphe.
39. Rumpler (Le chanoine François-Louis).
40. Widal, Charles-Auguste.
41. Goldenberg, Alfred.
42. Hærter, François-Henri.
43. Kuss, Emile.
44. Lévy, Maurice.
45. Dieterlin, Jac.-Christophe.
46. Karpff, Jean-Jaques.
47. Murner, Thomas.
48. Risler, Mathieu.

ANT. MEYER, PHOTOG. COLMAR DÉPOSÉ

Gustave DIETSCH

DIETSCH, Gustave.

MANUFACTURIER, et archéologue, à Lièpvré, appartient à une famille industrielle, dont les titres de noblesse se trouvent tous dans les fastes du travail, comme tant d'autres grandes maisons dont l'Alsace s'honore aujourd'hui. A la place de la noblesse héréditaire d'autrefois, s'élève maintenant une aristocratie nouvelle, issue de ses œuvres propres, dont chaque membre n'a de valeur et n'exerce d'influence, dans la société contemporaine, que par son mérite personnel. Ce mérite personnel, attesté par un labeur persévérant et couronné de succès, assure à la maison Dietsch un nom honorable et un rang distingué dans la grande industrie de notre pays.

Son fondateur, Jean Dietsch, né à Mulhouse en 1790, mort le 27 janvier 1875 à Sainte-Marie-aux-Mines, a commencé sa carrière comme simple ouvrier drapier. Après avoir fait le tour de France pour se perfectionner dans son métier, il s'est établi dans le val de Lièpvre pour l'exploitation d'un établissement modeste, en commun avec M. Brick, fabricant-bonnetier, dont il épousa la nièce, Madeleine Schultheiss, et avec lequel il s'associa en 1820. Le tissage mécanique de Lièpvre, exploité maintenant par ses trois fils, Jacques, Gustave et Jean, remplaça plus tard ce premier établissement et devint le foyer de plusieurs inventions importantes pour l'industrie alsacienne. M. Jacques Dietsch est né le 27 septembre 1821, M. Gustave Dietsch le 27 septembre 1830, M. Jean Dietsch le 29 février 1832. Ce dernier est depuis de longues années maire de Lièpvre.

L'industrie textile actuelle du val de Lièpvre a eu pour promoteurs Reber et Blech, dont les établissements se sont développés considérablement et ont acquis aux articles de Sainte-Marie-aux-Mines une réputation reconnue sur tous les marchés du monde. Les frères Dietsch se sont particulièrement appliqués à introduire et à perfectionner le tissage mécanique à plusieurs couleurs. Dès 1844, ils ont fabriqué sur métiers mécaniques le calicot rayé à filets de couleur grand teint pour chemises, remplacé depuis par la percale imprimée à meilleur marché. A cet article furent joints tour à tour la toile du nord, composée d'une chaîne en coton teint, tramée de fil de lin blanchi, puis les valenciennes glacées, avec chaîne en schappe blanchie et trame de laine mérinos de couleur. Les tartanelles, composées de trame de laine cardée et chaîne en coton teint; les tissus orléans pour robes et paletots, les mouchoirs cotonne, toutes les étoffes mélangées entrées dans la fabrication courante des manufactures de Sainte-Marie-aux-Mines, en concurrence avec les produits de Roubaix, en Flandre, ont été essayés et introduits successivement par la maison Dietsch, qui les tissait mécaniquement, au lieu d'employer le tissage à bras. Bien avant 1848 on a vu dans ses ateliers des métiers à plusieurs navettes pour la confection des carreaux à couleurs multiples, afin de suivre les caprices de la mode et les provoquer au besoin. La Société industrielle de Mulhouse lui a décerné en 1865, sur un rapport de M. Gustave Dollfus, sa médaille d'or pour l'introduction d'une nouvelle industrie dans le département du Haut-Rhin. Actuellement le grand tissage de Lièpvre fabrique surtout des draps de laine et des articles de nouveauté, variés à chaque saison nouvelle.

Arrivés à la fortune par un travail intelligent,

poursuivi avec persévérance, les frères Dietsch se sont constamment appliqués à améliorer le sort de leurs ouvriers par des institutions de prévoyance et de secours de toute espèce, subventionnées largement. Ouvriers et patrons forment réellement dans cette maison modèle une famille agrandie et unie par la communauté des intérêts. En tête du livret qui résume la situation de ses fondations, à la clôture de l'exercice annuel, se trouve cet épigraphe appliqué comme un article de code du travail : « Ce qui augmente le bien de tous augmente la part de chacun ». Une application journalière met cette belle maxime en pratique et les ouvriers tisserands de Lièpvre trouvent réellement assistance auprès de leurs chefs dans toutes les difficultés de la vie. Avant que le prince de Bismarck ait pris l'initiative de sa législation ouvrière, introduite en Allemagne comme une garantie de conservation sociale, M. Gustave Dietsch a fondé avec ses frères une caisse des mères, qui assure les premiers soins à l'enfant à sa naissance; une crêche où l'ouvrière peut faire soigner ses nourissons pendant les heures de travail; une caisse de secours pour assurer aux familles sociétaires les soins médicaux et une indemnité de chômage en cas de maladie; une caisse de retraite pour allouer des pensions aux invalides; un asile pour les infirmes; une société coopérative de consommation et un économat afin de procurer aux associés leurs articles de consommation au prix de revient. Grâce à cette organisation fondée sous le nom de *Fraternelle*, les familles ouvrières de l'établissement Dietsch arrivent au bout de l'année sans avoir de dette chez l'épicier et le boulanger, touchant au contraire comme bénéfice une somme proportionnée aux achats, qui sert à acheter un meuble ou à payer une location. Ajoutez la construction de maisons pour fournir un logement salubre à bon marché, une caisse d'épargne recevant les dépôts les plus modiques, des cours d'adultes et une bibliothèque comme moyen d'instruction, une société chorale. « Chercher à améliorer le sort du travailleur, lisons-nous en tête du dernier rapport sur ces fondations, supprimer les causes qui abaissent sa condition, l'aider à s'élever dans l'échelle sociale, le mettre à l'abri des besoins de la vieillesse sans qu'il soit à charge à personne, faire disparaître l'antagonisme entre le capital et le travail, voilà le but que doit poursuivre aujourd'hui tout homme de cœur. »

Depuis des années, M. Gustave Dietsch est membre du comité central de la Société de protection des apprentis de Paris, qui lui a décerné récemment une de ses médailles d'honneur en témoignage de ses services multiples. La Chambre de commerce de Colmar le compte aussi parmi ses membres les plus actifs, ainsi que la Société pour la conservation des monuments historiques d'Alsace. Comme Kœchlin-Schlumberger et Dollfus-Ausset, il consacre à l'étude les loisirs que lui laissent ses occupations industrielles. Ses recherches de prédilection portent sur l'histoire locale et sur l'art alsatique. Les archéologues trouvent dans ses collections d'importants documents sur le val de Lièpvre, foyer de son activité. Personne plus que lui n'aime nos montagnes vosgiennes et leurs monuments antiques. Tout particulièrement le château du Hoh-Kœnigsburg, la plus grandiose des ruines féodales d'Alsace doit sa dernière restauration aux soins de M. Dietsch qui lui a consacré une notice intéressante, publiée en 1882 à la librairie Cellarius de Sainte-Marie-aux-Mines.

Charles Grad

FRIEDEL, Charles

CHARLES FRIEDEL

UNE des figures les plus sympathiques du monde savant est, sans contredit, celle de M. Friedel.

Charles Friedel naquit à Strasbourg, le 12 mars 1832. Après de fortes et brillantes études au gymnase de cette ville, qui a donné à la France tant d'hommes distingués, il suivit les cours de la Faculté où il obtint le titre de bachelier ès-sciences physiques. Son père, qui occupait une haute situation dans la finance, le destinait à lui succéder. Mais la vocation du jeune homme et les succès déjà obtenus en décidèrent autrement. Il vient donc à Paris (1852) où il retrouve son grand-père, J. L. Duvernoy, professeur au Muséum et au Collège de France, qui avait certainement contribué à lui inspirer le goût des sciences et y continue ses études en suivant les cours de la Sorbonne et en conquérant successivement les grades de bachelier ès-sciences mathématiques, de licencié ès-sciences physiques et de licencié ès-sciences mathématiques. Immédiatement après, il entre au laboratoire de chimie de la Faculté de médecine dirigé par Wurtz qui le compta parmi ses premiers adeptes. La connaissance, qu'il fit au même moment de de Sénarmont, développa en lui le goût des études minéralogiques; il s'y adonna tout entier et fut nommé Conservateur des collections minéralogiques à l'Ecole des mines (1856).

Son irrésistible amour pour la science peut seul expliquer l'infatigable ardeur avec laquelle il mena de front ces deux genres d'études. C'est de cette époque que date cette série de nombreux travaux dont nous allons essayer d'énumérer les plus importants.

Ces travaux peuvent être groupés sous cinq titres principaux :

Le premier réunit les recherches relatives aux acétones et aux aldéhydes et comprend notamment la découverte du premier alcool secondaire, l'alcool isopropyliquè et la première synthèse de la glycérine (en commun avec M. Silva). L'ensemble des travaux sur les acétones constitue la thèse que M. Friedel soutint en Sorbonne en l'année 1869 et à la suite de laquelle il fut reçu docteur ès-sciences physiques.

Le deuxième titre a pour objet l'étude des acides organiques et en particulier les recherches, faites en commun avec Wurtz, sur les anhydrides lactiques (1860).

Dans le troisième titre on peut ranger les travaux sur les combinaisons du silicium (1867-1872), travaux faits en partie avec la collaboration de MM. Crafts et Ladenburg, et constituant, dans leur ensemble, la chimie organique du silicium. On peut y joindre ceux qui ont pour sujet les composés du titane (en commun avec M. Guérin).

Le quatrième renferme une série d'études (en commun avec M. Crafts) sur une méthode générale de synthèse des combinaisons aromatiques, travail considérable, commencé en 1877, qu'il est sur le point de terminer et dans lequel nous citerons les synthèses de l'hexaméthylbenzine, de la mellite, du triphenylméthane, etc. Non seulement le procédé par le chlorure d'aluminium, dû à MM. Friedel et Crafts, leur a permis de faire ces mémorables recherches ; mais encore il est tellement fécond que, mis entre les mains d'une foule de savants français et étrangers, il a agrandi d'une façon extraordinaire le domaine de la chimie organique.

Enfin au dernier titre appartiennent les recherches qui se rapportent à la minéralogie, à la cristallographie et à la cristallophysique. Nommons au hasard la découverte de nouvelles espèces minérales telles que la wurtzite, la delafossite, l'adamine, la reproduction du quartz, de la calcite, du feldspath (en commun avec M. Sarasin) et la découverte de la pyro-électricité dans le quartz et la topaze. M. Friedel avait présenté comme seconde thèse de doctorat le travail sur la pyro-électricité dans les minéraux bons conducteurs.

Tant de brillants travaux valurent à leur auteur de nombreuses distinctions honorifiques tant en France qu'à l'étranger. Il entra, en l'année 1878, à l'Institut (section de chimie), en remplacement de Regnault; l'Académie des sciences lui avait déjà attribué le prix Jecker (1869) et le prix Lacaze (1873), décerné pour la première fois. De nombreuses académies et sociétés savantes étrangères ont tenu à honneur de le compter au nombre de leurs membres; nous citerons celles de Turin, de Munich, de Lincei (de Rome), etc. La Société royale de Londres lui a accordé (1881) une de ses plus hautes récompenses, la médaille Davy.

M. Friedel est chevalier de la Légion d'honneur depuis l'année 1869, commandeur de l'ordre Saint-Jacques du Portugal, etc.

En 1876, il a été nommé professeur titulaire de la chaire de minéralogie à la Faculté des sciences de Paris, en remplacement de Delafosse. Huit ans plus tard, à la mort de Wurtz, dont il était l'élève le plus brillant et l'ami le plus intime, il se trouvait tout naturellement désigné pour assumer la lourde charge de ce chef d'école dont il a toujours perpétué les traditions. Forcé dès lors de quitter la chaire de minéralogie, il fut nommé titulaire de celle de chimie organique.

Par sa haute valeur scientifique, M. Friedel s'est montré l'égal de Gerhardt et de Wurtz, ses illustres compatriotes; par son affabilité, par le dévouement sans bornes dont ses élèves reçoivent chaque jour le témoignage et par sa modestie sans égale, il a conquis l'estime et l'admiration de tous ceux qui le connaissent.

G. GRINER,
chef des travaux du laboratoire de chimie organique
à l'Ecole des Hautes-Etudes.

ANT. MEYER, PHOTOG. COLMAR DEPOSE

Auguste LAUGEL

LAUGEL, Auguste

À mesure que les sciences progressent et que l'érudition se développe, savants et littérateurs se cantonnent généralement dans une spécialité. Les écrivains, tels que notre compatriote M. Laugel, qui embrassent dans leurs études l'ensemble des connaissances humaines, forment une rare exception. Si on ouvre la collection de la *Revue des Deux-Mondes* dont M. Laugel est depuis trente ans l'un des plus actifs collaborateurs, on y trouve avec sa signature plus de soixante articles traitant les sujets les plus variés, sciences, voyage, philosophie, politique, histoire contemporaine, travaux publics. Cette universalité est certainement due à la forte éducation que donnaient les collèges royaux sous Louis-Philippe. L'un des écrivains les plus brillants du XIXe siècle, M. J. J. Weiss, vante justement dans *Au Pays du Rhin* l'admirable création de Fontanes, Rendu, Royer-Collard et Cuvier, le collège royal, le lycée consacré aux humanités. Aujourd'hui on surcharge les progammes, on submerge les cerveaux; jusqu'en 1851 on regardait simplement le lycée comme un instrument de haute culture pour l'élite du pays; on se contentait d'apprendre à la jeunesse à écrire et à penser.

Né à Hochfelden, le 20 janvier 1830, M. Auguste Laugel entra, en 1849, à l'Ecole polytechnique, d'où il passa à l'Ecole des mines. Ingénieur des mines en 1854, il quitta bientôt l'administration et se consacra à des travaux scientifiques et littéraires. Il collabora à la *Revue de géologie*, de M. Delesse, à la *Revue des sciences et de l'industrie*. Depuis la fondation du *Temps* il a rédigé sans interruption la chronique scientifique bi-mensuelle de ce journal sous le pseudonyme Vernier. Dans cet ordre d'idées il a publié *Etudes scientifiques*, 1859, *la Voix, l'Oreille et la Musique*, 1867, *l'Optique et les Arts*, 1869.

En même temps M. Laugel tournait son activité vers les questions philosophiques. La France traversait alors la sombre période de l'empire dictatorial; la presse était muselée, le Parlement réduit au rôle d'une Chambre d'enregistrement, la vie publique éteinte. C'était l'époque où M. Vacherot était condamné à propos de son ouvrage sur la Démocratie, où l'histoire des Condé du duc d'Aumale était saisie. Frappée dans ses ambitions et dans ses espérances, la jeune génération se détournait du présent et demandait à la philosophie le secret des choses éternelles. M. Laugel aborda les questions philosophiques dans l'ouvrage *Science et Philosophie*, 1863; il les approfondit ensuite dans une étude complète, *les Problèmes*, où il examine les Problèmes de la nature, les Problèmes de la vie, les Problèmes de l'âme. Quand la science a mesuré les corps célestes, tracé leurs orbites, ramené à des lois générales l'infinie variété des problèmes, reconnu la corrélation de la gravité, de la lumière, de l'électricité, de la chaleur, du magnétisme, de l'affinité chimique, elle peut étudier dans l'être vivant les phénomènes de la vie, renouer la chaîne brisée entre les formes organiques du temps présent et celles du temps passé, aborder les problèmes redoutables de l'origine des espèces et de la génération des individus, alors seulement elle arrive au centre du grand labyrinthe, au problème des problèmes, à l'âme et à la pensée. « Ces études, dit M. Laugel dans une éloquente préface datée de Richmond où il partageait l'exil du duc d'Aumale, ont été les sévères distractions de mes loisirs sur la terre étrangère.

Un séjour prolongé en Angleterre et de nombreux voyages devaient amener M. Laugel à la politique et à l'histoire. Aujourd'hui, au bout de 20 ans, on lit encore avec profit, ses *Etats-Unis pendant la guerre*, et on y apprend les conditions du fonctionnement régulier d'une société démocratique. Dans *l'Angleterre politique et sociale* M. Laugel nous décrit les rouages du parlementarisme et nous montre la vie sociale du Royaume-Uni. Depuis deux siècles la monarchie parlementaire assure la grandeur de l'Angleterre. Les électeurs anglais n'ont pas encore été pervertis par les flatteries démagogiques; ceux qui guident le peuple ont été jusqu'ici moins poussés vers lui par l'ambition que par l'esprit de charité. Les classes ouvrières ont obtenu de l'Etat le libre échange qui donne la vie à bon marché, la liberté de coalition qui leur permet de régler les salaires sur les bénéfices du capital. Les questions sociales, celles qui touchent aux salaires, à l'organisation de l'épargne, à l'éducation du peuple, à son hygiène, à son bien être, occupent particulièrement les hommes d'Etat. Aussi la paix sociale règne-t-elle en Angleterre.

Depuis la publication de *l'Angleterre politique et sociale*, M. Laugel se consacre presque exclusivement aux études historiques. Il nous a donné successivement *la France politique et sociale*, *les Grandes figures historiques*, *Lord Palmerston et Lord Russell*, *la Réforme au XVIe siècle*, *Fragments d'histoire*.. En ce moment il prépare une histoire du duc de Rohan que ses amis annoncent comme devant être son principal ouvrage historique. La grande figure du duc de Rohan, le chef du parti protestant en France sous Louis XIII (1579-1638), mérite assurément d'être mise en pleine lumière par notre compatriote. C'est de Rohan que Voltaire a dit :

> Avec tous les talents le ciel l'avait fait naître ;
> Il agit en héros, en sage il écrivit ;
> Il fut même un grand homme en combattant son maître
> Et plus grand encor lorsqu'il le servit.

Dans cette longue et brillante carrière de publiciste, c'est l'œuvre politique et historique que nous préférons. Pour juger les institutions du passé et du présent il faut savoir se mettre au-dessus des passions du moment et examiner les faits de haut. L'étude des sciences et de la philosophie, en même temps qu'elle développe l'esprit d'observation, conduit assurément à cette impartialité sereine, si nécessaire à l'historien. Les ouvrages à système, inspirés par un doctrinarisme étroit, peuvent, quand ils sont écrits avec élégance, provoquer l'attention de la foule; mais les livres historiques, conçus dans le but de rechercher la vérité, tels que ceux de M. Laugel, obtiennent seuls un succès durable.

SCHWILGUÉ, Jean-Baptiste

SCHWILGUÉ, Jean-Baptiste

LE créateur de l'horloge astronomique de la cathédrale de Strasbourg, est né en cette ville, le 18 décembre 1776, dans la maison qui forme l'angle de la rue Brûlée et de la rue de la Comédie, maison située en face de celle où il mourut quatre-vingts ans plus tard.

Dès ses plus tendres années, Schwilgué manifesta un tel goût et une telle passion pour tout ce qui se rattachait aux arts mécaniques, que sans autre guide que son intelligence, sans autre aide que sa merveilleuse adresse, il parvint à confectionner les outils nécessaires à l'établissement d'un atelier. Son plus grand bonheur consistait à imiter, en petit, les machines qu'il avait occasion de voir, et à façonner toutes sortes d'instruments à l'usage de la physique expérimentale. Il fit preuve de tant d'adresse dans la construction de ces appareils, et montra dans leur emploi un tel discernement, que ses petits camarades ne l'appelèrent bientôt plus que du nom de *petit sorcier*. On était alors en pleine tourmente révolutionnaire. Tout progrès scientifique était impossible, toute découverte restait dans l'ombre. On ne s'adonnait guère alors qu'à l'horlogerie. Schwilgué la considérait comme le chef-d'œuvre de l'invention et il était convaincu qu'aucun autre art mécanique ne comportait plus de délicatesse dans les opérations, ne donnait lieu à plus de combinaisons savantes et n'avait plus de connexité avec les sciences exactes.

C'est sous l'influence de cette opinion qu'il résolut de consacrer toute son intelligence au rétablissement de l'horloge astronomique de la cathédrale de Strasbourg, qu'il avait vue à l'époque où sa famille habitait encore la capitale de l'Alsace. Son père, attaché à l'intendance de la province, avait perdu son emploi aux premiers jours de la révolution, et était allé se fixer à Schlestadt. Dénoncé aux autorités comme étant trop modéré, il fut arrêté en 1793, conduit à Strasbourg et incarcéré à l'ancien établissement des Jésuites. Cruellement frappé dans sa piété filiale, le jeune Schwilgué s'en fut résolument se présenter devant le municipalité de Schlestadt, et s'adressant au commissaire chargé d'écouter les réclamations des habitants, lui dit : « Citoyen commissaire, si tu veux rendre la liberté à mon père, je te promets de faire chanter le coq de l'horloge de Strasbourg.» Le magistrat, croyant qu'on se moquait de lui, répondit brutalement : « Veux-tu bien t'en aller, petit drôle ! » Schwilgué s'en retourna le cœur gros, mais sans renoncer au projet grandiose qu'il avait conçu, et qu'il se promettait de mener à bonne fin.

En 1794, Schwilgué s'engagea dans les canonniers sédentaires de la garde nationale de Schlestadt, assimilés aux troupes actives ; il y demeura jusqu'à la fin de cette époque agitée. Le 25 avril 1796, il épousa Mlle Hihn, de Schlestadt. Depuis 1793 il était chargé de l'emploi de vérificateur des poids et mesures de l'arrondissement, emploi qu'il conserva jusqu'en 1825 et qu'il transmit alors à l'un de ses fils. En 1808 il fut appelé, quoique dépourvu de tout diplôme, à remplacer M. Chappuis dans la chaire de mathématiques du collége de Schlestadt.

Malgré ses occupations officielles et les soins qu'il donnait à son atelier d'horlogerie, Schwilgué continua à songer à l'horloge de Strasbourg et à poursuivre avec ardeur la solution des problèmes qui, de près ou de loin, avaient quelque rapport avec la réalisation de son projet. Ce fut vers la fin de l'année 1815 qu'il imagina de remplacer par un calendrier mécanique et mobile l'ancien calendrier de Strasbourg qui ne marquait qu'en peinture sur un disque de bois et pour un siècle seulement, les dates de la fête de Pâques de chaque année. A cet effet, il entreprit l'exécution de son comput ecclésiastique, dont il chercha à rendre les indications perpétuelles. Il en construisit le mécanisme en petit, avec l'indication des années écoulées depuis 1582, c'est-à-dire depuis l'époque de la réformation du calendrier grégorien. Ses efforts eurent tant de succès, qu'il parvint à achever en moins de six mois cette ingénieuse machine composée de plus de trois cents pièces. Le 14 décembre 1815, il racontait la réussite de cette invention, dans une lettre adressée à son fils, alors aspirant ingénieur des ponts-et-chaussées. Vers la fin du mois de septembre de l'année 1821, il se rendit à Paris avec son travail qu'il désirait soumettre à l'Académie des sciences. Il fut reçu avec la plus grande cordialité par M. Delambre, secrétaire perpétuel, qui le pria de rédiger une note explicative sur son œuvre. La note fut rédigée, mais l'Académie des sciences négligea son auteur. Le roi Louis XVIII lui montra plus de bienveillance. Il lui accorda, peu de temps après, une audience et s'intéressa vivement à ses plans et à ses projets.

En 1825, l'administration municipale de Schlestadt confia à Schwilgué la réparation de la bascule à pont de la commune. Grâce aux perfectionnements et aux innovations que lui suggéra ce travail, il fit de cette machine usée et défectueuse un instrument sans précédents et qui servit de modèle, de type, à toutes les bascules qui ont été construites depuis. Il prit un brevet d'invention et s'associa avec son ami, M. Rollé, pour la fabrication des balances-bascules de Quintenz, servant au pesage des voitures chargées. Ce fut à cette époque (1825) qu'il revint se fixer à Strasbourg. Les deux associés devaient, aux termes d'un contrat passé devant notaire le 24 mars 1827, exploiter en commun les différents genres de fabrication qui avaient fait la spécialité de chacun d'eux jusque là. Cette exploitation comprenait les balances-bascules portatives et à pont, les crics et vis à presse, la grande horlogerie et les machines de précision à l'usage des usines et manufactures. L'affaire prospéra et Schwilgué envoya les produits de la fabrication à l'exposition de l'industrie française à Paris, en 1834. Louis-Philippe le décora à cette occasion de la croix de la Légion d'honneur.

Schwilgué se retira de l'association en 1837 pour se vouer entièrement à l'œuvre qu'il avait rêvée pendant toute sa vie. Après bien des méditations et bien des labeurs, il y mit la dernière main, et le 2 octobre 1842 l'horloge de la cathédrale marcha pour la première fois, aux acclamations d'une foule émerveillée.

A partir de cette époque, si glorieuse pour lui, Schwilgué, devenu officier de la Légion d'honneur, vécut dans la plus profonde retraite, entièrement absorbé par ses recherches sur les engrenages et les machines de précision. Il mourut le 5 décembre 1856.

SCHLUMBERGER, Jules-Albert

Jules-Albert SCHLUMBERGER

Voici, avec M. Jean Dollfus, le doyen de la grande industrie alsacienne, et l'un des rares survivants de cette vaillante génération à laquelle notre pays doit une des principales sources de sa prospérité.

M. Jules-Albert Schlumberger est né, le 25 décembre 1804, à Montpellier, où son père, Jacques Schlumberger, un mulhousien de vieille roche, dirigeait le comptoir de vente, que la maison d'impressions *Schlumberger, Hofer & Cie* avait établi dans cette ville. Sa mère, Climène Hofer, était fille du dernier bourgmestre de Mulhouse, avant la réunion de la petite république à la France en 1798. Après avoir reçu l'instruction élémentaire à Montpellier et à Mulhouse, où ses parents étaient revenus en 1814, il fut envoyé dans l'institut qu'avait fondé à Hofwyl, près de Berne, un ami de Pestalozzi, Emmanuel de Fellenberg. Il suivit, de 1816 à 1821, les cours de cette école, alors renommée dans toute l'Europe. Sous la direction de l'habile éducateur qui, sans négliger les choses de l'esprit et les exercices du corps, s'attachait principalement à développer l'intelligence de ses élèves, il contracta l'amour du travail et de l'ordre et une rectitude de jugement, véritablement remarquable. C'est à Hofwyl aussi, M. de Fellenberg étant un agronome distingué, qu'il prit le goût des questions agricoles, qu'une longue pratique lui a rendues familières. Ainsi préparé, à l'âge de 19 ans, il se rendit à Paris, pour étudier au Conservatoire des arts et métiers, à la Sorbonne et au Collège de France (l'Ecole des arts et manufactures n'existait pas encore), la mécanique et la chimie, qui devaient lui servir plus particulièrement dans la carrière qu'il avait choisie.

Enfin, en 1825, après un séjour qu'il fit en Angleterre pour se familiariser avec l'application de ces sciences à l'industrie, il revint définitivement à Mulhouse et entra dans l'établissement de son père, dont la raison sociale était *Schlumberger, Grosjean & Cie*. Son apprentissage ne fut pas de longue durée; dès 1830, les deux associés s'étant retirés d'un commun accord, il devint avec son beau-frère, M. Joseph Kœchlin, chef de la maison qui prit le nom de *Schlumberger, Kœchlin & Cie*. C'est à partir de ce moment que M. J.-A. Schlumberger déploya toutes les qualités qui l'ont fait connaître comme un industriel hors ligne : une rare énergie, une grande justesse de vues, un esprit d'initiative sans cesse en quête d'améliorations et, ce qui n'a pas peu contribué à son succès, l'heureux talent de s'attacher un personnel tout dévoué à ses intérêts. Aussi, en 1844, lorsque M. Jos. Kœchlin résolut de consacrer tout son temps à ses beaux travaux de géologie, put-il assumer sur lui seul tout le poids des affaires. Même, ne se sentant plus gêné dans sa liberté d'action, il leur donna un essor nouveau, de sorte que, après la crise de 1848, la maison *Schlumberger fils* devint rapidement une des premières du pays. Depuis, sa prospérité n'a cessé de croître; aujourd'hui, elle compte 45,000 broches de filature, 1,800 métiers à tisser, onze machines à imprimer, elle emploie plus de 2,500 ouvriers et elle envoie ses produits, qui comportent les articles les plus divers, dans toutes les parties du monde. Et M. Jules-Albert Schlumberger est toujours là pour la diriger. Il est vrai qu'il est secondé dignement par un de ses gendres et par ses deux fils aînés, qui, depuis 1875, sont devenus ses associés en titre et signent comme lui *Schlumberger fils & Cie*. Voilà certes une vie bien remplie, et peu d'hommes se sont fait, par la seule force de leur activité, une situation à ce point prospère.

Mais M. Schlumberger ne s'est pas contenté d'être l'artisan de sa fortune propre; il n'a pas cessé de s'occuper aussi de la chose publique, à laquelle il n'a marchandé ni son temps, ni ses peines. Sans parler de son service prolongé (de 1827 à 1851) dans le corps des sapeurs-pompiers, puis dans la garde nationale (il était capitaine d'une compagnie de voltigeurs), ni de la surveillance qu'il exerça pendant seize ans près de la succursale de la Banque de France, il fut successivement, de 1850 à 1860, membre du conseil des prud'hommes et juge au tribunal de commerce. Mais c'est à la Société industrielle et à la Chambre de commerce qu'il montra le mieux combien les intérêts généraux lui ont toujours tenu à cœur. S'il n'a pas l'honneur de compter parmi les 22 fondateurs de la première de ces corporations, du moins il s'y fit recevoir, dès le principe, en 1826, comme membre ordinaire; et déjà le tome Ier du Bulletin qu'elle publie, contient une note du jeune ingénieur. Parmi les nombreux travaux dont il enrichit ce recueil, si justement estimé, il convient de signaler le rapport qu'il présenta, au retour d'une mission dont il avait été chargé par la Société conjointement avec M. Emile Kœchlin, sur le chemin de fer, alors en construction, de Saint-Etienne à Lyon. Ce mémoire donna l'éveil à un homme entreprenant entre tous, Nicolas Kœchlin, qui, peu d'années après, dota l'Alsace d'abord du chemin de fer de Mulhouse à Thann (1839), puis de celui de Mulhouse à Bâle et à Strasbourg (1841). Il va sans dire que M. Schlumberger ne resta pas indifférent à cette grande entreprise, d'autant qu'il était devenu, en 1835, secrétaire et, en 1841, vice-président de la Société industrielle, fonctions dont il ne se démit qu'en 1851. Il prit lui-même une part prépondérante à une œuvre du même genre, à la construction du canal houiller de la Sarre, qui a déjà économisé bien des millions à notre industrie. Il présida le syndicat qui se constitua, en 1858, et réussit à mener à bonne fin cette opération, compliquée de difficultés financières et internationales. C'est qu'il avait depuis longtemps donné des preuves de sa haute compétence en matière économique : de 1839 à 1846, comme secrétaire du comité des industriels de l'Est, ensuite comme vice-président de l'association pour la défense du travail national. Ce n'est pas tout. Nommé membre de la Chambre de commerce en 1847, il fut élu président dès 1849; et, depuis 38 ans, il dirige les travaux de cette compagnie avec un zèle infatigable, une habileté consommée et un tact parfait. C'est dire qu'aucune des questions touchant le commerce et l'industrie ne lui est demeurée étrangère; et l'on sait combien elles ont été nombreuses et délicates, surtout depuis le changement politique qu'a subi l'Alsace-Lorraine. Comme, dans cette courte notice, il n'est pas possible de mentionner ne fût-ce que les principales, nous rappellerons seulement que c'est à l'initiative de la Chambre de Mulhouse qu'est due l'insertion dans le traité de paix préliminaire d'une clause qui a sauvé d'une ruine certaine l'industrie des provinces détachées de la France, et que M. Schlumberger a fait partie du syndicat chargé par les deux gouvernements d'en assurer la loyale exécution.

SCHUTZENBERGER, Charles

SCHUTZENBERGER, Charles

EST né à Strasbourg, le 1ᵉʳ février 1809, de Georges Schutzenberger, brasseur, et de Madeleine Lemmermann. De ses deux frères, l'un, Louis, fut le brasseur bien connu; l'autre, Frédéric, devint professeur de la Faculté de droit et maire de Strasbourg. C'est à ce dernier, plus âgé que lui de dix ans, que Charles Schutzenberger dut son éducation. Après avoir achevé ses études au gymnase protestant, puis au collége de sa ville natale, il fut admis comme élève à l'école militaire d'instruction; mais à la suite d'une injustice commise à son égard, il donna peu après sa démission. Il entra comme aide de clinique à la Faculté de Strasbourg, et en 1832, après avoir passé une thèse brillante, fut reçu docteur en médecine. Un séjour qu'il fit alors à Vienne, lui permit de visiter avec fruit les grands établissements scientifiques de cette capitale. A son retour il épousa sa cousine, Marie Lemmermann, alla passer avec elle une année à Paris, puis revint se fixer définitivement à Strasbourg.

En 1834, à l'âge de vingt-cinq ans, il fut nommé professeur agrégé. Sa réputation grandit rapidement et un avenir magnifique s'ouvrait devant lui, lorsque survint le terrible accident qui faillit lui coûter la vie. Il venait de passer quelques jours chez des parents, à Grandfontaine, Ban de la Roche, et rentrait à Strasbourg, en septembre 1840. Arrivée près de Schlestadt, la diligence versa, et le malheureux voyageur fut précipité si violemment du haut de l'impériale qu'il en résulta une fracture de la colonne vertébrale avec paraplégie instantanée. Il dut s'arrêter à Schlestadt, et ce ne fut qu'après plusieurs semaines de souffrance qu'il put être transporté à Strasbourg, dans son habitation située rue des Veaux. Condamné à de longs mois d'immobilité forcée, il reporta toute l'activité de son esprit sur l'étude des questions de philosophie médicale qu'il devait traiter plus tard avec tant de science et d'autorité. Il était arrivé à se soutenir et même à essayer quelques pas, lorsque se déclara une complication des plus graves : le calcul vésical. L'illustre chirurgien Sédillot, dont le talent et le sang-froid étaient si considérables, dut recourir à la taille. L'opération couronnée d'un succès complet, fut supportée par le patient avec cette fermeté stoïque qui faisait le fond de son caractère.

Délivré enfin des ces tortures, Schutzenberger se remit au travail. En 1842 il avait déjà repris sa clientèle et accepté les fonctions de médecin de l'hôpital civil. Une chaire de pathologie et de clinique interne ayant été créée trois ans après, Schutzenberger fut chargé de l'occuper. C'est de ce moment que date ce magnifique enseignement qui, pendant une période de vingt-six ans, a formé tant de savants praticiens. La croix de la Légion d'honneur vint en 1854 le récompenser des services rendus par lui à la science et à l'humanité souffrante.

Le plus grand désir de Schutzenberger devint alors de créer, à Strasbourg, un centre d'instruction capable de rivaliser avec les universités les plus célèbres. Ses constantes préoccupations visaient les progrès à réaliser pour atteindre ce but malgré les modestes ressources dont on disposait. Il allait y arriver, tout marchait selon ses vœux, le nombre des élèves de la Faculté avait considérablement augmenté, lorsque éclata la guerre de 1870. La place de Strasbourg fut investie. Schutzenberger fut obligé de quitter sa maison de l'île de Jars, livrée aux flammes, puis l'impasse Saint-Pierre-le-Jeune où il s'était réfugié, et enfin l'hopital civil où il avait trouvé un abri. Cédant aux sollicitations de ses amis, il sortit de sa chère ville natale le cœur brisé et la mort dans l'âme, pour n'y rentrer qu'après accomplissement de l'œuvre fatale.

L'occupation avait amené, avec bien d'autres ruines, l'effondrement de la Faculté de médecine. Schutzenberger tenta alors un effort patriotique qui est l'un des actes les plus remarquables de son existence : il voulut créer une école de médecine libre ou autonome. Dès le mois de novembre 1870, les professeurs et les agrégés qui étaient restés à Strasbourg, avaient organisé quelques conférences, mais rien ne faisait encore prévoir la création prochaine de nouvelles institutions universitaires, et l'on croyait que les mandataires du pays annexé seraient au moins consultés sur une question intéressant au plus haut point son avenir intellectuel. C'est dans cette pensée que le professeur Schutzenberger conçut le plan d'une école libre de médecine qui pourrait devenir le noyau et le point de départ d'institutions durables, adaptées par la popularité des professeurs, par les traditions scientifiques et par la langue, aux besoins intellectuels des Alsaciens-Lorrains. Son rêve allait même jusqu'à la fondation, à Strasbourg, d'une grande université libre et internationale, accessible aux professeurs et aux élèves de tous les pays. Plusieurs de ses collègues se groupèrent autour de lui et pendant une année (1871-1872) l'école fonctionna avec 71 étudiants. Mais l'université allemande, qu'on s'était hâté de transplanter de toutes pièces dans le pays annexé, avait ouvert ses cours, et l'école autonome, à qui la permission d'être fut retirée, dut fermer ses portes le 1er octobre 1872. Dès lors finit pour Schutzenberger la carrière de l'enseignement.

Quand il eut cessé de professer, c'est encore à l'instruction de ses élèves qu'il voulut consacrer ses derniers jours, en coordonnant ses œuvres : discours, rapports, observations, notes et mémoires, en partie inédits, en partie disséminés dans les revues périodiques. Ce travail considérable a produit deux magnifiques volumes, les *Fragments de philosophie médicale* et les *Fragments d'études pathologiques et cliniques*. Cette œuvre est non moins remarquable par l'élégante solidité du style, la force et la netteté de l'argumentation, que par la hauteur du point de vue philosophique auquel s'est placé l'auteur. Après avoir guidé ses élèves pendant la vie, il a voulu, comme dit V. Hugo « leur tendre encore la main à travers le mur du tombeau. »

A côté des sciences médicales, l'esprit investigateur de Schutzenberger trouvait encore bien des aliments pour ses méditations. Toutes les branches des connaissances humaines l'intéressaient ; il se tenait au courant des questions politiques et religieuses aussi bien que des questions de littérature, d'art ou d'histoire naturelle. Il envisageait toute chose de haut, et la jugeait avec cette philosophie correcte et pénétrante qui le caractérisait. Il était, du reste, toujours prêt à obliger, et il mettait volontiers ses aptitudes si variées au service de ses concitoyens.

Schutzenberger est mort à Strasbourg le 22 septembre 1881, après sept jours de maladie.

ANT. MEYER, PHOTOG. COLMAR   DÉPOSÉ

L'ABBÉ SIMONIS

L'ABBÉ SIMONIS

Né à Ammerschwihr, dans la Haute-Alsace, le 12 mars 1831, d'une famille aisée de propriétaires vignerons, l'abbé Ignace Simonis, député au Reichstag et supérieur [de]s sœurs de Niederbronn, sentit de bonne heure [sa] vocation au sacerdoce. Il a fait ses études clas[si]ques au petit séminaire ecclésiastique de Stras[bo]urg. Son âme ardente et des liens de parenté et [d'a]mitié avec les pères les plus influents de la jeune [co]ngrégation du Saint-Esprit l'attiraient vers les [mi]ssions d'Afrique. Des obstacles indépendants [de] sa volonté s'opposèrent à la réalisation de ses [vœ]ux, sans l'empêcher pourtant de considérer la [co]ngrégation des missionnaires d'Afrique comme [un]e seconde famille. Constamment ses yeux se [tou]rnaient sur la côte de Sénégambie, où deux de [ses] meilleurs amis, les évêques Kobès et Riehl, [ac]quirent, avec les honneurs de l'épiscopat, la [pal]me du martyre apostolique. Une de ses plus [inté]ressantes publications qui a paru dans la *Revue [cath]olique de l'Alsace* en 1863 sous le titre: *Les mis[sion]s des noirs et l'Alsace*, montre quels mérites se [son]t acquis les missionnaires pour l'évangélisation [des] peuplades sauvages de l'Afrique.

[L]a loi sur la liberté d'enseignement venait d'être [vot]ée quand l'abbé Simonis sortit du grand sémi[nair]e. L'Alsace avait alors la bonne fortune de [poss]éder un homme capable de tirer parti de cette [liber]té, acquise au prix de longues luttes. Le cha[noin]e Charles Martin, le vénérable fondateur du

IV 7

facilité qu'aux questions de controverses. Si son éloquence n'a pas la véhémence et la mesure de son collègue le curé Winterer, sa parole insicive se distingue par la puissance de la réplique. Plus d'une fois on l'a vu tenir tête au puissant chancelier de l'Empire allemand : le prince de Bismarck a déclaré dans un de ses discours que s'il avait au parlement vingt députés de la trempe de M. Simonis il ne pourrait pour longtemps garantir la paix.

Personne ne l'ignore, l'abbé Simonis a contribué de toutes ses forces aux entreprises pour fonder une presse catholique alsacienne indépendante. Il y a consacré avec ses efforts une grande partie de sa fortune. Ce n'est pas un secret non plus, que lui surtout, a été visé dans les mesures de rigueur prises pour la suppression de l'*Union d'Alsace-Lorraine* et le *St. Odilienblatt*. Comme tous les hommes de valeur, il compte beaucoup d'amis et d'adversaires. Lors du Concile du Vatican en 1870, il a assisté Mgr Kobès en qualité de théologien. Quelques temps auparavant, il avait publié une étude critique fort remarquée sur la *Vie de Jésus* de M. Renan, réfutation complète des opinions du célèbre orientaliste. Peu de carrières ont été mieux remplies que la siennne, entièrement vouée à la religion et à la patrie.

D.-G.

ANT. MEYER, PHOTOG COLMAR   DÉPOSÉ

STOFFEL, Jean-Georges

STOFFEL, Jean-Georges

Est né, le 4 janvier 1819, à Sainte-Croix-en-Plaine, près de Colmar. Il passa sa prime jeunesse au village, auprès de son père qui était cultivateur, et fréquenta l'école primaire. Un jeune ecclésiastique, qui habitait alors la commune et qui avait le goût de l'enseignement, l'initia aux rudiments du français et du latin. Le jeune Stoffel profita si bien de ces leçons qu'à l'âge de 12 ans, il put être admis en cinquième au collége de Colmar. Mais il était l'aîné d'une famille de neuf enfants, et il dut bientôt reprendre le travail des champs. Il ne négligea pas cependant son éducation, qu'il avait à compléter. La curiosité se porta de bonne heure, chez lui, sur l'onomastique de son rayon et sur les contes de la veillée. Ses occupations journalières lui permirent d'étudier la vie du peuple et il sut plus tard utiliser de mille manières ses observations sur son langage, ses mœurs, ses coutumes, sa foi et ses superstitions. Il fut admirablement secondé dans son travail solitaire par un ami d'enfance, un peu plus âgé que lui, M. Burtz, qui lui fit connaître la littérature allemande. Sentant que l'agriculture ne répondait pas à sa vocation, il entra, à l'âge de dix-sept ans, comme surnuméraire dans les bureaux de la préfecture de Colmar. C'était le 17 mai 1836. Le 1ᵉʳ juillet suivant, il reçut sa nomination d'employé titulaire et fut enrôlé dans l'administration des forêts. Deux ans après, il était chef de bureau. Tout en remplissant ses devoirs d'état avec un zèle exemplaire, tout en faisant à pied, chaque jour, le trajet de Colmar à Sainte-Croix comme lorsqu'il suivait les cours du collège, Stoffel continua à se livrer à l'étude. A Sainte-Croix, il dépouillait les registres de l'état civil, dressait l'immense généalogie de sa famille maternelle et, en même temps, recherchait les origines de diverses familles qui ont formé la population de son endroit natal. Les variations dans les formes des noms le lancèrent sur la piste de l'étymologie. Ce fut alors qu'il demanda des moyens d'étude à la bibliothèque de Colmar. M. Hugot, qui venait d'en prendre la direction, lui donna à lire les ouvrages de Jacob Grimm, et plus tard le *Namenbuchlein* de Luther. Stoffel étudia, à la même époque, l'Edda, les chants des Niebelungen, quelques-unes des grandes épopées du moyen-âge, et la mythologie allemande. Cela ne l'empêchait de se livrer à un autre travail. Un jour qu'il faisait des recherches dans les archives départementales à propos d'anciens règlements forestiers, il tomba sur des rotules de cours colongères. Il en saisit aussitôt l'importance pour la connaissance du droit, des mœurs, de l'organisation villageoise ultérieure, ainsi que du langage pendant une grande partie du moyen-âge et il les recueillit dans les années 1846 et 1847. Jusque-là, quelques jurisconsultes à peine s'étaient occupés de ces vénérables monuments. C'est un grand honneur pour lui d'avoir deviné tout d'abord le parti qu'on en pouvait tirer. Ses recherches devancèrent le premier volume des *Weisthümer* de Jacob Grimm, paru en 1840. Le quatrième volume de ce recueil s'est enrichi des textes transcrits par Stoffel.

Après son mariage avec une proche parente, Stoffel se fixa à Colmar. Le 25 août 1849, il fut nommé percepteur à Durlinsdorf, canton de Ferrette. Il trouva dans cette région isolée et si peu connue un terrain propice à ses recherches. La communauté des études le mit en rapport avec M. Aug. Stœber, le savant fondateur de l'*Alsatia*, dont chaque volume, à partir de 1851, renferme quelques écrits de Stoffel. Le 11 avril 1856, il échangea sa perception de Durlinsdorf contre celle de Habsheim. En 1859, M. Duruy, alors ministre de l'instruction publique, conçut le projet de publier, pour chaque département, un dictionnaire des lieux dits. Il s'adressa à la Société industrielle de Mulhouse, en la priant de préparer les matériaux pour les localités appartenant à l'arrondissement de cette ville. Un comité, dont fit partie Stoffel, fut nommé pour réunir les renseignements demandés. Stoffel s'en servit pour la rédaction de son *Dictionnaire topographique du département du Haut-Rhin*. Le manuscrit fut expédié pour le concours ouvert à Paris, par les soins de la Société industrielle, et il remporta une mention très honorable avec une médaille d'argent; de plus, l'auteur fut nommé correspondant des travaux historiques du ministère de l'instruction publique.

Le 31 juillet 1867, Stoffel fut appelé comme percepteur à Friesen, village situé dans la vallée de la Larg, avec l'autorisation toutefois de résider à Altkirch. Il y continua ses travaux, compléta ses recueils, fit des recherches archéologiques et topographiques, entre autres sur les antiquités trouvées sur le plateau qui s'élève entre l'Ill et la Larg. Les résultats de ses investigations parurent dans la *Revue d'Alsace*. Mais la guerre avait éclaté. Le 8 mai 1871, Stoffel fut obligé de remettre entre les mains du commissaire de police allemand tous ses papiers de service et son matériel. Sa demande de mise à la retraite fut accueillie par le gouvernement français, après qu'il eut opté à Altkirch d'abord, à Belfort ensuite. Il fut nommé membre de la Commission mixte chargée de surveiller l'exécution de l'article IV du traité de Francfort. A cet effet, il dut se rendre à Colmar, où ses amis le décidèrent à rester. Là, il commença à trier parmi les titres qui se trouvaient aux archives de la préfecture, les documents relatifs à Belfort et à la partie du Haut-Rhin restée française. Le 31 mai 1873, il obtint la place de bibliothécaire de la ville de Colmar : il était né pour ces fonctions qui lui rendirent ses dernières années plus douces.

Lorsque M. Engel-Dolfus eut fondé un prix pour un dictionnaire biographique de l'Alsace, le travail fut confié à Stoffel. La mort le surprit malheureusement avant qu'il ait pu mener cette œuvre à bonne fin ; mais il avait réuni un nombre considérable de documents qui, classés en ordre dans des cartons spéciaux, sont aujourd'hui entre les mains de l'un des érudits les plus profonds dont l'Alsace ait jamais eu à s'honorer. En 1875, Stoffel publia le *Thomus miraculorum sancti Theobaldi*, qui est un précieux ouvrage pour l'histoire des mœurs et de l'esprit humain, et de plus un incomparable texte de langue pour le dialecte alsacien. Mais son œuvre de prédilection était son dictionnaire topographique. L'enquête incessante à laquelle il n'avait cessé de se livrer sur les noms des lieux, avait peu à peu augmenté de deux tiers le volume de 1868. Il en publia, en 1878, une nouvelle édition en langue allemande, à ses risques et périls. C'est une source inépuisable d'informations, un ouvrage dont aucun pays ne possède le pareil et que les savants ne consultent jamais sans une profonde admiration pour la somme de travail qu'il représente, et sans une sincère gratitude pour l'homme qui a su avoir cette généreuse confiance en son œuvre. Stoffel est mort le 3 septembre 1880.

ALBRECHT, François-Ignace

IGNACE ALBRECHT
1810—1884

ANCIEN maire de Schlestadt et député de l'Alsace à l'assemblée nationale de Bordeaux, naquit à Sand, dans le département du Bas-Rhin le 8 février 1810. Il est mort le 22 mai 1884 à Schlestadt, où il s'est établi comme meunier dans le courant de l'année 1836, à la suite de son mariage avec Mlle Virginie Wagner, du moulin de la Chapelle sur l'Ill. Modeste et laborieux, il a donné son temps au développement de son industrie, dans le cours d'une existence paisible, sans autre ambition que celle de l'honnête homme, toujours disposé à faire le bien dans le cercle de ses relations. Sans aspirer jamais à la politique militante, il était attaché pourtant aux idées libérales. Il avait salué avec joie l'avénement de la République en 1848 et fut sous l'empire napoléonéen un adversaire vigoureux de ce régime. On n'a pas oublié dans le pays l'appui énergique qu'il a apporté aux élections législatives de 1864 à la candidature de Hallez-Claparède, contre celle du baron Zorn de Bulach, alors chambellan de l'empereur, qui échoua malgré la protection du gouvernement établi, sinon en raison même de cette intervention. Après la déchéance de Napoléon III, à la suite du désastre de Sedan, au mois de septembre 1870, Albrecht fut appelé aux fonctions de maire de Schlestadt. Pendant le siège de cette place par les troupes allemandes, son attitude courageuse lui valut la promotion de chevalier de la légion d'honneur. Mieux encore, la municipalité de Schlestadt a tenu à rendre témoignage de son dévouement à la chose publique, pendant la guerre et dans les premiers temps de l'occupation allemande, par une adresse de remerciements en date du 2 septembre 1871. Lorsque l'Alsace fut appelée pour la dernière fois à envoyer ses représentants à l'assemblée nationale de France, avant l'annexion de la province à l'Allemagne, les électeurs du Bas-Rhin le choisirent pour député au scrutin de liste, par 94,091 suffrages.

A l'assemblée de Bordeaux, devant la nécessité où se trouvait la France de céder l'Alsace-Lorraine, à l'empire allemand, pour obtenir la paix et rétablir ses forces, Albrecht protesta contre cette cession avec tous ses collègues alsaciens-lorrains, avec Kablé et Kuss, avec Valentin, Scheurer-Kestner et Keller. Par la force des choses, cette protestation, qui exprimait le sentiment de la population annexée, sans pouvoir faire fléchir ses vainqueurs, n'aboutit pas à autre chose. Revenu dans ses foyers le député de Schlestadt continua ses fonctions de maire sur l'invitation des autorités établies, remplissant son devoir simplement, sans phrase, avec dévouement et avec abnégation. Le 30 septembre 1873, à l'expiration du délai d'option fixé aux Alsaciens-Lorrains pour le choix de leur nationalité, il envoya sa démission au président supérieur de Strasbourg, afin de rentrer complètement dans la vie privée, emportant dans sa retraite avec les regrets de ses concitoyens l'estime des autorités allemandes.

Le registre des délibérations du conseil municipal de la ville de Schlestadt rend compte en ces termes des remerciments votés au maire, à la séance du 2 septembre 1871, lors de l'installation de la municipalité nouvelle, sur la demande d'un de ses membres : « Il nous reste un devoir à remplir et je suis persuadé que tous mes collègues se joindront à moi pour l'acquitter. C'est un devoir de reconnaissance. Vous avez tous été témoins de l'activité, du zèle infatigable et du courageux dévouement que notre maire a déployés dans l'exercice des pénibles fonctions qui lui ont été confiées par la République. Chacun de vous a pu apprécier la noblesse de caractère et la loyauté à toute épreuve de notre maire. Il a mis à la diposition de la commune son temps, sa fortune et sa santé. Souvent il était prêt de plier sous le fardeau ; mais ce caractère mâle et ferme ne connaît point les défaillances et dans l'excès des difficultés, il puisait des forces nouvelles, soutenu par un ardent amour de son pays et par le désir inébranlable d'être utile à ses administrés. Si ces vertus ont été appréciées au de-là des Vosges et ont valu à notre excellent maire une distinction dont nous sommes fiers, nous ne resterons pas en retard et nous lui donnerons la récompense qu'une assemblée délibérante peut accorder. Nous voterons à M. Ignace Albrecht, au nom de la ville, nos sympathiques remerciements pour sa belle conduite, son dévouement et son courage dans l'exercice de ses fonctions de maire. » Ont signé cette motion : Fortuné Martel et Georges Schlœsser, premier et second adjoints, Lomuller, Morlock, Doyen, Franck, Rack, Stahl, Simon, Lang, Fackler, Gsell, Geist, Spitz, Jehl, Fuchs, Prêcheur, Fels, Helbig, conseillers municipaux.

Dans son industrie, après avoir exploité le moulin de la Chapelle, Ignace Albrecht a installé à Sand, également sur le cours de l'Ill, un établissement modèle, le plus considérable du pays. Monté sur le type américain, avec une force motrice de 100 chevaux hydrauliques, sur l'emplacement d'un moulin plus ancien, dont l'existence est déjà attestée par un titre de l'an 1364, le grand moulin actuel de Sand fait mouvoir 16 paires de meules susceptibles de moudre 200 à 250 quintaux métriques de blé, un jour dans l'autre. Il se trouve maintenant entre les mains du fils de son créateur et fait un chiffre d'affaire annuel de 4 à 5 millions de francs. Tout le travail s'accomplit automatiquement et ses produits, plus parfaits et d'une extrême pureté, coûtent moins cher que ceux des moulins ordinaires, d'ancien modèle. Ceux-ci ne supportent plus la concurrence des usines mieux montées et disparaissent un à un. Albrecht a beaucoup contribué aux progrès réalisés par la meunerie en Alsace. Ces progrès se traduisant par un abaissement du prix des farines, sont à considérer ainsi pour le pays comme un incontestable bienfait.

CHARLES GRAD.

BERNHARD, Bernard

BERNHARD, Marie-Bernard

Est né à Ribauvillé, le 8 juin 1809. Il appartenait à l'une de ces vieilles familles bourgeoises, qui se font honneur de leur piété et qui crurent, en 1814, que le retour des Bourbons mettait le sceau à la réconciliation de la France avec le ciel. A leurs yeux, l'incrédulité ayant été la source de tous les maux, la Restauration ne pouvait manquer de ramener la société moderne à l'antique foi de nos aïeux. La première éducation du jeune Bernhard se ressentit de cette confiance. L'étude lui était facile, et ses parents résolurent de ne pas laisser sous le boisseau le talent qui lui avait été départi. Pour commencer, ils le confièrent à un curé de village, qui lui enseigna les premières notions de grammaire; ils le rappelèrent à Ribauvillé, quand M. l'abbé Bacher ouvrit une école latine dans les bâtiments de l'ancien couvent des augustins. Plus tard ils l'envoyèrent tour à tour à Bordeaux, à Fribourg en Suisse, enfin au collège alors fameux de Saint-Acheul. Ce fut une grande déception, quand, en 1828, une ordonnance royale obligea les jésuites de fermer leur établissement, avant que le jeune Bernhard eût fini ses humanités : ce fut à Besançon qu'il fit sa philosophie, à Strasbourg qu'il fut reçu bachelier ès-lettres.

Cependant le pacte avec le ciel, que tant d'âmes pieuses avaient cru éternel, avait été brisé. La chute de Charles X fut un grand désarroi pour les jeunes hommes, qui avaient fondé leurs espérances d'avenir sur la pérennité du régime. M. Bernhard commença alors son droit à Strasbourg. En 1833, il passa sa licence à Paris et se fit inscrire au tableau des avocats. Mais au lieu de plaider, il suivit les cours de l'Ecole des chartes, fasciné peut-être par ces études qui le ramenaient au moyen-âge, à l'âge d'or de la foi. En 1837, le diplôme d'archiviste fut le couronnement de ses longs efforts. Il fut aussitôt attaché, sous la direction d'Augustin Thierry, aux travaux sur l'histoire du Tiers-Etat. Plus tard il collabora avec Berger de Xivrey, son ancien camarade de l'Ecole des chartes, à la publication des lettres-missives de Henri IV. Il reçut à deux reprises, en 1841 et en 1847, de l'Académie des inscriptions et belles-lettres, la médaille avec mention très honorable pour sa participation à ces beaux travaux.

Cependant, quelle que fût sa notoriété à Paris, il tenait à ne pas rester ignoré en Alsace. Il publia successivement deux monographies qui intéressaient son histoire. La première est un *Essai sur l'histoire municipale de la ville de Strasbourg*, qui parut, en 1840, dans la Bibliothèque de l'Ecole des chartes; la seconde, une *Notice sur la confrérie des joueurs d'instruments d'Alsace relevant de la juridiction des anciens seigneurs de Ribaupierre*, publiée, en 1844, dans la Revue historique de la noblesse : cette dernière n'était sans doute à ses yeux que l'entrée en matière d'un travail d'ensemble sur les corps de ménétriers au moyen-âge, dont quelques fragments ont paru plus tard également dans la Bibliothèque de l'Ecole des chartes. Quoi qu'il en soit, ces deux études prouvaient qu'il avait de l'histoire de la province cette connaissance essentielle, sans laquelle le travail de l'archiviste ne saurait être ni fécond, ni intelligent. Malheureusement en Alsace il n'y avait pas alors de poste vacant et, faute de mieux, le paléographe alsacien, réduit à se dépayser, accepta, en 1850, l'emploi d'archiviste du département de la Nièvre. Mais avec sa double nostalgie de l'Alsace et de Paris, il s'y déplut bientôt et démissionna, pour se fixer à Sand où il s'était marié en 1846.

Il sut mettre ses loisirs à profit. Sa ville natale lui demanda de faire l'inventaire de ses archives (1859-62). Immédiatement après (1863-65), il rédigea celui de Bergheim, qui a été publié. Ce ne sont que des inventaires sommaires, qui n'exigent de l'archiviste que d'étudier ses chartes à l'envers, pour y chercher l'étiquette dont un régistrateur quelconque les a munies avant lui; mais M. Bernhard avait l'habitude d'aller au fond des choses, et il trouvait sa satisfaction à s'en rendre compte par lui-même. C'est à cette curiosité savante que nous devons, d'une part, le *Compte-rendu du classement et de l'inventaire des archives de Ribauvillé* (Colmar, 1863, in-8°) et une *Notice sur l'ancien pèlerinage de N. D. de Dusenbach*, qui parut, en 1859, dans la Revue catholique d'Alsace, de l'autre une substantielle étude sur Bergheim, publiée en tête de son inventaire. Mais l'œuvre définitive de l'historien, ce sont les *Recherches sur l'histoire de la ville de Ribauvillé*. Malheureusement il les garda en portefeuille, sans y mettre cette dernière main que l'auteur se réserve de donner, quand il livre son manuscrit à l'impression. Au lieu de s'occuper à le publier, il aborda d'autres sujets d'études et fit paraître, toujours dans la Revue catholique, un mémoire *sur les différents systèmes de chronologie sacrée*.

Avec l'âge, sa santé, qui avait toujours été délicate, s'altéra de plus en plus. Devenu veuf seulement après douze ans de mariage, il avait quitté Sand pour s'établir d'abord à Strasbourg, puis à

Haguenau. Il charmait ses loisirs et se consolait de ses maux en travaillant à une *Vie de N. S. Jésus-Christ d'après les Saintes Ecritures*, à un *Traité sur le dogme de l'Immaculée Conception*, qui sont restés inédits. C'est ainsi que, sur le déclin de l'âge, il déserta l'histoire pour s'occuper de théologie.

Cependant quelle qu'ait été la vivacité de ses croyances, son mysticisme ne fit jamais tort à sa critique. L'histoire étudiée dans ses sources oblige d'envisager le passé sous ses divers aspects. Elle se révèle telle qu'elle est, non pas comme le mystique aurait voulu qu'elle fût, et l'apaisement, la modération qui en résultent, ne se démentent jamais dans les écrits historiques de M. Bernhard. La sincérité des appréciations y marche de front avec l'exactitude des faits. Replié dans ses pensées, dans ses souvenirs, dans ses regrets, quand il mourut à Haguenau, des suites d'un accident, le 27 novembre 1884, il était presque oublié de ses contemporains. Les derniers travaux qui consolèrent sa vieillesse, ne verront sans doute jamais le jour: il n'en sera pas de même de ses *Recherches sur l'histoire de Ribauvillé*, dont sa ville natale a acquis le manuscrit et qui sont à la veille de paraître, sous les auspices de son intelligente municipalité.

X. MOSSMANN.

SOURCES : N. Jost, Biographie de M. Bernard Bernhard, dans la *Revue catholique d'Alsace* (1886).

SCHULER, Théophile

SCHULER, Théophile

EST né le 18 juin 1821 à Strasbourg, où son père exerçait les fonctions de pasteur de l'église de Saint-Nicolas. Il se sentit de très bonne heure attiré vers l'art. Sa famille comptait trois graveurs, Charles-Auguste, Charles et Edouard Schuler. Ce fut chez ce dernier qu'il fit ses débuts en s'initiant aux secrets de la gravure. Il entra ensuite, avec le consentement de son père, dans l'atelier du peintre strasbourgeois Guérin. Après y avoir passé quelque temps, il alla demander à la grande capitale moderne des arts, à Paris, le complément de ses études et travailla sous la direction de Drolling et de Paul Delaroche. Mais, bien qu'épris de la peinture, il fut de bonne heure porté à représenter ce qu'il voyait et à exprimer ce qu'il sentait avec le crayon plutôt qu'avec le pinceau, et c'est en effet comme dessinateur qu'il s'est placé à part, à l'un des premiers rangs.

Schuler revint dans son pays natal, qu'il aimait passionnément et qu'il ne quitta plus guère qu'après 1870, pour prendre le chemin de l'exil. L'art et les longues promenades aux hauts sommets des Vosges prenaient tout son temps. Il aimait aussi à se retirer dans quelque village, notamment à Soultz-sous-Forêts, où il avait à sa portée et sous les mains tout ce qu'il affectionnait : les bois et les rochers, les fermes et les paysans. C'est là qu'il étudiait les détails de la vie alsacienne, détails qu'il a rendus avec tant de bonheur; c'est là qu'il composait ces scènes rustiques et ces tableaux d'intérieur dans lesquels il excellait. « Mon mari, écrivait sa veuve, a beaucoup vécu de la vie de forêt ; il y habitait de longs mois ; il aimait à s'entretenir avec le bûcheron et le schlitteur, et à représenter les scènes ds la vie du travailleur, du soldat qui défriche la terre, du paysan, de l'ouvrier. » Son art, en effet, comme son cœur, s'intéressait surtout aux pauvres gens.

« L'Alsace tout entière, a dit un éminent critique d'art, M. Charles Clément, se retrouve tout entière dans les nombreux et charmants dessins qui nous restent de Schuler. Dans la spécialité qu'il avait adoptée, ces dessins sont parmi les plus intéressants, les plus réellement pittoresques, les plus profondément sentis qu'il ait été donné à un artiste contemporain de reproduire ; par les qualités sérieuses et rares dont il les a empreints, ils tiennent une place à part, et l'on pourrait dire prépondérante dans l'art moderne de l'illustration. »

Les illustrateurs sont nombreux ; mais les grands illustrateurs, ceux qui ont une valeur personnelle originale, un vrai don de nature développé par l'étude et la réflexion, sont très rares. Combien en pourrait-on compter parmi ceux de notre époque qui ne sont plus ? A côté des noms de Tony Johannot et de Raffet, on peut placer celui de Schuler. Les livres qu'il a illustrés ont gagné une valeur d'art, et les amateurs sauront toujours les distinguer et les rechercher. Les beaux dessins du *Pfingstmontag* n'ont de supérieur que la magnifique série des *Schlitteurs*.

Depuis 1860, Théophile Schuler collaborait au *Magasin pittoresque*. « Les dessins qu'il nous envoyait, lisons-nous dans un article nécrologique que lui a consacré la rédaction de cette excellente publication, étaient presque toujours accompagnés de lettres où il croyait devoir nous expliquer sa pensée. Ces lettres étaient simples, sobres, justes ; nous nous bornions presque toujours à les transcrire ; aucun commentaire écrit par nous n'aurait pu les valoir... » Schuler fournit aussi des compositions à l'*Illustration* et au *Musée des familles*. Plus tard, Hetzel eut l'heureuse inspiration de lui confier l'illustration presque entière d'Erckmann-Chatrian. Nul mieux que le dessinateur alsacien n'était propre à remplir cette tâche. Les affinités entre l'écrivain et le traducteur étaient complètes, et une pareille concordance se rencontre rarement, il faut le dire, dans la plupart des livres ornés de gravures. L'artiste, choisi trop souvent à la légère, fait de jolis dessins, sans doute ; mais il les fait à contre-sens et, traducteur infidèle, substitue sa fantaisie à celle de son auteur. Schuler ne tombait pas dans cette faute, et l'accord qui existe dans les livres qu'il a enrichis de ses dessins, entre la pensée de l'écrivain et celle de l'artiste, donne une véritable supériorité à ses ouvrages.

On peut dire que Schuler se consacra presque exclusivement, pendant les dernières années de sa vie, à l'illustration des livres de la maison Hetzel. Les dessins des livres d'Erckmann-Chatrian : *le Blocus*, *l'ami Fritz*, *la Maison forestière*, *les Confidences d'un joueur de clarinette*, *l'Histoire du plébiscite*, *les Deux frères*, *l'Histoire d'un sous-maître*, celle d'un *Paysan*, *Martin-Gaspard Fix*, d'une part, et de l'autre ceux des *Travaux d'Alsa* et du *Premier livre des enfants*, de la *Morale familière*, de l'*Histoire d'un âne et de deux jeunes filles*, des *Patins d'argent* de Stahl ; de *Maître Zacharius*, de Jules Verne, et du *Chalet des Sapins*, de Prosper Chazel, forment une œuvre qui ne mérite pas seulement les suffrages du public, mais qui emporte l'estime des artistes et des amateurs les plus difficiles.

Schuler n'a fait qu'un nombre restreint de tableaux, qui occupent une place honorable dans les musées de l'Alsace et de la Suisse. Le musée de Colmar possède cette œuvre étrange que l'artiste a intitulée *le Chart de la Mort*.

M. le pasteur Gerold a prononcé sur la tombe de Schuler un éloquent discours auquel nous empruntons les détails suivants sur ses dernières années : « Lorsque, après la guerre de 1870, l'Alsace fut détachée de la grande patrie, il crut ne plus pouvoir rester dans sa ville natale. Il alla demander à la Suisse une nouvelle patrie et un nouveau foyer. Là (à Neuchâtel), il reprit ses travaux ; il se maria ; il goûta les joies de la famille. Mais au milieu de ces joies et de ces travaux, il se sentit bientôt dévoré par la nostalgie : son cœur l'attirait vers l'Alsace, et il y est revenu pour mourir ».

Schuler est mort à Strasbourg, le 26 janvier 1878, à l'âge de cinquante-six ans. Il a été enseveli au cimetière de Saint-Gall, hors de la porte Nationale.

Le portrait ci-contre est reproduit d'après une photographie sortant de la maison E. Schweitzer, de Strasbourg.

Joseph WILLM

Naquit, le 10 octobre 1792, dans le riant village de Heiligenstein (Basse-Alsace) et mourut à Strasbourg, le 7 février 1853.

Fils d'un vigneron chargé d'une nombreuse famille, le jeune Willm passa les premières années de sa vie à travailler aux champs, tout en employant ses moindres loisirs à dévorer les livres qu'il parvenait à se procurer, soit chez son instituteur, soit chez le pasteur de l'endroit. A quatorze ans, Willm comprit qu'il était appelé à passer sa vie autrement qu'à cultiver la vigne. Après avoir aidé pendant quelques mois les instituteurs de Heiligenstein et de Westhofen dans leurs modestes fonctions, il fut initié à la connaissance des langues anciennes par un pasteur distingué de la petite ville de Barr, ce qui lui permit d'entrer au Gymnase protestant de Strasbourg, en 1807. Il y acheva promptement ses classes, passa au Séminaire protestant, puis à la section théologique où il acheva ses études en 1813, non sans avoir eu, pendant quelque temps, bien de la peine à subvenir à son existence. A partir de ce moment, sa position alla sans cesse en s'améliorant. Il fut tour à tour professeur à Lyon, précepteur à Paris où il apprit à connaître plusieurs célébrités littéraires, professeur de littérature française au Gymnase de Strasbourg, professeur de philosophie au Séminaire protestant, inspecteur d'Académie. On le voit, le jeune vigneron ne s'était pas trompé, en se croyant appelé à un bel avenir. De nombreuses distinctions lui échurent en partage. Il fut entr'autres, nommé, en 1847, membre correspondant de l'Institut et chevalier de la Légion d'honneur: il n'en demeura pas moins la simplicité même, ne demandant qu'à se rendre utile par sa collaboration aux travaux du Conseil municipal de Strasbourg, du Conseil académique, de la Société de patronage des jeunes libérés, par la fondation d'une école normale d'institutrices protestantes, par ses livres enfin, véritables monuments de clarté et de profondeur.

Dès 1820 Willm s'était essayé à écrire, en collaborant au *Musée des protestants célèbres*. En 1826 il accepta la direction de la *Revue germanique* à laquelle aussi il collabora largement. De 1829 à 1847, il fit paraître bon nombre de livres scolaires et fournit plusieurs articles à l'*Encyclopédie des gens du monde*. Mais c'est par la publication de son beau livre sur l'*Education du peuple* — couronné par l'Académie française, comme ouvrage « utile aux mœurs » — que Willm se fit classer parmi les meilleurs écrivains. Il appartenait à l'ami du peuple, à l'ancien aide-instituteur de puiser dans ses souvenirs d'enfance d'une part, de l'autre dans sa longue expérience d'inspecteur d'Académie, pour produire l'un des plus beaux livres de pédagogique qui aient paru. Son ouvrage, publié en 1843, se décompose en trois parties. La première est consacrée aux principes. « Dans toute condition, dit l'auteur, et quelle que soit du reste la destination particulière des individus sur lesquels elle opère, l'éducation a pour but, tout en les rendant propres à l'état auquel ils se destinent et en tenant compte de leur individualité, de les développer de plus en plus comme hommes et comme citoyens, comme membres à la fois de la société civile et de cette cité divine qui s'étend sur tous les peuples, qui embrasse tous les temps et qui va au-delà du temps. » Partant de là, il divise toute l'œuvre pédagogique en éducation instrumentale (physique et logique) et en éducation réelle (intellectuelle, esthétique, morale et religieuse, sociale et nationale). La seconde partie, toute pratique, traite de l'application des principes que nous venons d'énumérer. Toutes les questions relatives aux écoles, les plus humbles même, y sont tour à tour examinées et résolues avec un rare bon sens par cet esprit que n'effraient pas les problèmes les plus ardus de la métaphysique. C'est avec la même compétence que Willm, dans la dernière partie de son livre, prodigue les conseils de la sagesse aux instituteurs dont il considère la tâche comme l'une des plus belles et des plus importantes. — Tels sont les grands contours de ce livre excellent qui exerça une puissante et heureuse influence sur le développement normal de l'instruction primaire en Alsace et au-delà.

Le plus important des livres de Willm, son *Histoire de la philosophie allemande, depuis Kant jusqu'à nos jours* (4 vol. in-8°, 1846 à 1849) fut couronné, en 1845, par l'Académie des sciences morales et politiques. La question mise au concours était formulée en ces termes-ci : « Faire connaître par des analyses étendues les principaux systèmes qui ont paru en Allemagne depuis Kant inclusivement ; s'attacher surtout au système de Kant qui est le principe de tous les autres ; apprécier la philosophie allemande, discuter les principes sur lesquels elle repose, les méthodes qu'elle emploie, les résultats auxquels elle est parvenue ; rechercher la part d'erreurs et la part de vérités qui s'y rencontrent et ce qui, en dernière analyse, peut légitimement subsister, sous une forme ou sous une autre, du mouvement philosophique de l'Allemagne moderne. » Le sujet ainsi formulé était des plus difficiles. « Chacun de ces penseurs d'outre-Rhin, a dit l'un des biographes de Willm, n'a pas seulement son système à lui, mais sa méthode, sa terminologie... Quelle profonde obscurité règne dans les écrits de la plupart d'entr'eux ! On croirait, en abordant ces volumes, avoir devant soi des hiéroglyphes. » Et encore fallait-il, après avoir compris ces systèmes philosophiques, « les expliquer dans une langue qui ne comporte aucune obscurité, les présenter dans leurs rapports historiques, les apprécier par une sage critique. Pour cela, il fallait se les approprier par de profondes méditations, créer, pour les faire comprendre, une terminologie nouvelle, s'élever à des points de vue généraux pour les juger... » Cela suffit pour faire deviner l'importance hors ligne du livre de Willm qui fait connaître d'abord Kant et son continuateur Fichte (idéalisme critique et transcendantal) et Jacobi, leur contradicteur, le philosophe du sentiment, du savoir immédiat; puis Schelling et Hegel (idéalisme objectif et absolu) et leur contradicteur Herbart (philosophie dite de l'expérience). Autour de ces noms l'auteur en groupe une foule d'autres, des philosophes d'ordre secondaire, mais aussi des poètes, des moralistes, Gœthe, Herder, J.-P. Richter, Hamann, Baader, Frédéric Schlegel...

Il faut nous arrêter. Nous en avons dit assez pour être autorisé à avancer que Willm fut non seulement un sincère ami du peuple, mais encore un grand savant. Ajoutons qu'il fut d'une rare intégrité, d'une bienveillance à toute épreuve. Aussi nous estimons-nous heureux de contribuer, par ces quelques lignes, à faire durer le souvenir de notre vénéré professeur.

AD. SCHÆFFER.

ANT. MEYER, PHOTOG. COLMAR   DÉPOSÉ

DECK, THÉODORE

DECK, JOSEPH-THÉODORE

PENDANT ces trente dernières années, aucun des arts de luxe n'a été négligé en France; mais dans l'immense effort qui a été fait pour les pousser tous dans la voie du progrès, l'art de la faïence semble avoir été le privilégié de la destinée. Cultivé par des artistes qui, au génie naturel, joignaient une puissance de travail peu commune et une persévérance indomptable, il a pris le pas sur les autres; il est devenu en peu de temps la branche la plus brillante de l'art industriel français. Aujourd'hui la céramique française est en possession de sa pleine indépendance, que nul ne peut lui disputer. Du passé, elle ne garde que la connaissance des procédés des anciens maîtres. Elle sait ce qu'il faut savoir de la tradition, pour s'en servir sans en être opprimé; mais à cette connaissance, base nécessaire de toute entreprise, elle joint un sentiment plus moderne de l'art, une invention plus jeune et plus riante, l'entente de la décoration, la richesse et l'harmonie des couleurs, enfin des moyens de fabrication qui ne laissent rien à désirer. L'artiste qui, de l'aveu unanime, a le plus contribué à ces progrès, c'est Théodore Deck.

Les Deck sont originaires de Guebwiller. Théodore, le céramiste, y est né le 2 janvier 1823, d'un père qui exerçait la profession de teinturier en soie. Sorti à l'âge de treize ans de l'école primaire, il fut envoyé au petit séminaire de La Chapelle, où il demeura trois ans et où il manifesta un goût très prononcé pour la physique et la chimie. Sa vocation lui avait été révélée dans un voyage qu'il avait fait tout jeune en Suisse. Un jour, dans un jardin public, au détour d'une allée, raconte un de ses biographes, M. Castagnary, il s'était trouvé en face d'une statue en terre cuite peinte. Jamais l'enfant n'avait vu pareil objet: « Qu'est-ce que cela? », demanda-t-il émerveillé. — « Une statue », lui fut-il répondu. — « Et qui a fait cela » — « Un potier. » Cette statue aux belles couleurs, si semblable à une personne naturelle, lui était demeurée dans l'esprit. Aussi quand, au sortir du collège, on lui demanda ce qu'il voulait être, il répondit résolument: « Potier. » On l'envoya chez Hugelin, à Strasbourg.

Là, Théodore Deck se trouve dans un atelier qu'on eût dit fait exprès pour lui. Les aspirations artistiques y flottent en quelque sorte dans l'air ambiant. Quel que soit l'objet auquel chacun travaille, on s'y préoccupe toujours des moyens de le rendre plus beau. Le petit apprenti qui, dès le collège, avait dessiné, se meut à l'aise dans ce milieu favorable, et, tout en estampant des carreaux de poêle, tout en modelant des figurines et des arabesques, il sent sourdre et grandir en lui je ne sais quel sentiment d'art supérieur. Son apprentissage fini, il ne quitte pas encore l'hospitalière maison des Hugelin; il veut se perfectionner, devenir le premier de sa profession. Enfin l'heure de la séparation sonne (1844). Il a vingt ans, il est libre.

Il visite successivement le duché de Bade, le Wurtemberg, la Bavière, la Styrie, s'arrêtant davantage dans les villes où il croit avoir quelque chose à apprendre. Il arrive ensuite à Vienne, où il exécute plusieurs poêles monumentaux pour le château de Schœnbrunn pour le duc de Lucques, en Illyrie; pour le prince de Rothau, à Prague. Après une excursion à Pesth, il repasse par Vienne pour aller à Dresde, à Leipzig, à Berlin enfin, où il se déplait et qu'il quitte bientôt avec l'intention de venir à Paris. Depuis qu'il avait vu tant de pays, Paris lui faisait l'effet d'une lueur à l'horizon, et, malgré lui, chaque jour, il y avait les yeux tournés. Il y arriva en décembre 1847, après avoir passé quelque temps encore à Dusseldorf, et s'être muni d'une lettre de recommandation de son ancien patron Hugelin, mais sachant que dans les combats de la grande ville, combats pour la vie, et combats pour la gloire, il ne pouvait compter que sur lui-même. Il n'y était pas depuis trois mois, travaillant dans la fabrique de M. Vogt, que la révolution éclata. Le travail cesse; Deck devient chef d'escouade à Saint-Maur et touche trente sous par jour. Peu après il revient en Alsace. Mais il avait touché le sol de la ville sacrée, il avait entendu le chant de la Sirène; il ne pouvait désormais vivre ailleurs qu'à Paris. Il y retourna donc, roulant dans sa tête des plans d'avenir. Il dirigea pendant quatre ans, comme contre-maître, la fabrique de M. Dumas père. Un beau jour, en 1855, tourmenté de rêves nouveaux, sentant le moment fatidique arrivé, il dit adieu aux poêles et à leurs fabricants et s'établit à son compte.

L'une de ses ambitions était de retrouver les colorations des faïences persanes. Il se procura un carreau persan, l'étudia, reconnut l'émail, fit des essais. Après des années de lutte contre les hasards du feu, de recherches incessantes, de travail opiniâtre, il reconquit toutes les couleurs de la céramique persane. Son bleu couleur turquoise, qui est appelé bleu de Deck, a pris rang parmi les couleurs classiques. A partir de cette époque, l'ancien ouvrier poêlier fut en proie à la passion de la céramique. Il fit sa première apparition en public à l'exposition de 1861, où il se présenta avec un ensemble d'œuvres étonnant de richesse et de variété: des plats, des vases, des jardinières, ornés avec un art exquis et revêtus des plus admirables couleurs. Il reçut une médaille d'argent et depuis tout changea dans la vie de Deck: la période des tribulations était finie, celle des dédommagements et du triomphe commençait.

En 1874, Deck inaugura ses cloisonnés sur faïence. Il étonna même ceux qui croyaient en lui, par les pièces merveilleuses à fond d'or, qu'il exposa en 1878. Dès lors sa réputation sortit du cercle des connaisseurs et devint universelle: il fut considéré par tous comme le premier céramiste de ce temps-ci. Depuis 1880, il s'est également occcupé de la porcelaine, et l'on peut dire que son début a été un coup de maître. Les fonds transparents et l'incomparable éclat du vieux chine hantaient son esprit. Il fit à ses frais une série d'épreuves qui lui coûtèrent fort cher, mais qui réussirent. Les Chinois qui excellaient dans la porcelaine, ont été vaincus par Deck.

L'Etat a reconnu les services rendus à l'art par Deck, en lui conférant le grade d'officier de la Légion d'honneur. Il vient d'être nommé directeur de la manufacture de Sèvres.

L'ABBÉ GUERBER

GUERBER, Joseph

Député au Reichstag et supérieur des sœurs de charité, est né à Wissembourg, en 1824, sur les limites des deux pays dont il devait parler et écrire la langue avec la même élégance et la même facilité. Le milieu dans lequel il grandit, la famille à laquelle il appartenait, quelques amis dévoués, semblaient, dès les premières années, conspirer, comme à l'envi, pour répandre je ne sais quelles grâces sur les heureuses qualités dont le ciel l'avait comblé. L'influence de deux frères, avantageusement connus dans notre petite patrie alsacienne, un séjour à l'université de Bonn, plusieurs voyages en Allemagne, fixèrent l'orientation de sa vie. L'artiste se réveillait devant les monuments que les siècles de foi avaient élevés sur les bords du Rhin, l'homme de lettres se familiarisait avec cette langue qu'il devait écrire lui-même avec une pureté classique, et l'orateur naissait naturellement pour redire en un beau langage les sentiments et les pensées de l'un et de l'autre.

M. l'abbé Guerber est en effet un homme de goût, un homme de lettres, un homme de parole. En lui l'artiste, l'écrivain, l'orateur se complètent et se perfectionnent pour former une personnalité pleine de charmes et d'attraits. L'artiste nous décrit le beau, l'écrivain nous redit le vrai, l'orateur nous enthousiasme pour le bien, et toujours avec un esprit de bon aloi, avec une chaleur communicative et dans un séduisant langage ; mais toujours aussi cet esprit est tempéré de bonté, cette éloquence est formée de mâle vertu, ce langage est pétri de noble fierté. Et toutes ces qualités sont rehaussées par les vertus qui font le prêtre et l'homme de Dieu.

Cependant rien de plus simple que cette vie écoulée tout entière en Alsace, au pays natal : les étapes n'en sont pas nombreuses. Mutzig a eu les prémices de son ministère. Haguenau conservera impérissable le souvenir de son « cher abbé ». Le petit-séminaire de Zillisheim ne l'a vu que passer, emportant avec lui les regrets de centaines de jeunes gens qu'il avait voulu élever pour la patrie dans le culte des lettres et l'amour de l'Eglise. Strasbourg le possède depuis plusieurs années à la tête de la congrégation des sœurs de saint Vincent de Paul. Nul mieux que lui n'était à même d'accepter la succession de l'inoubliable archiprêtre, M. l'abbé Spitz. C'est en quelques lignes la vie du prêtre et dans cette vie de prêtre, la bonté et la modestie sont presque une seule et même chose.

Il est remarquable qu'une grande vertu engendre inévitablement une modestie parfaite et que, si un grand talent ne la produit pas, du moins il retranche bien des aspérités que la vanité chez les hommes médiocres conserve opiniâtrement. Cette pensée s'impose à quiconque veut retracer aux Alsaciens la carrière si bien remplie de l'abbé Guerber, comme publiciste. Nul n'a écrit plus que lui; pour lui, écrire, c'est agir; nul ne possède à un degré plus éminent un style populaire, imagé, clair, précis; et cependant, si l'on veut parler de ses œuvres littéraires, on éprouve un véritable embarras. Polémique, histoire, critique, économie politique, biographie, étude de mœurs, contes populaires, il n'est aucun sujet qu'il n'ait abordé et toujours avec succès : tour à tour la brochure, le journal, la revue, le livre s'animent sous sa main pour défendre les libertés menacées, pour affirmer les droits méconnus, pour pousser le cri d'alarme, pour mettre sous les yeux les scènes édifiantes de notre histoire alsacienne, mais le livre, la brochure, le journal se taisent sur l'auteur. M. Guerber n'a qu'une ambition, conserver dans leur pureté les traditions de notre population, et cette ambition se trahit parfois par ces simples mots « un ami du peuple », ou par un pseudonyme plus modeste encore. Des milliers de lecteurs se demandent quelle est la plume qui écrit avec un si irrésistible attrait, et les amis seuls devinent l'homme qui sait bien se dérober aux applaudissements de la foule, mais dont l'esprit et le cœur ne sauraient se cacher même sous un nom d'emprunt.

Toutes ces œuvres sont marquées au coin d'une puissante originalité; toutes ont conservé leur actualité. Les articles même de journaux se relisent avec intérêt. C'est, si l'on veut, la goutte d'eau qui aborde à la mer, mais cette goutte n'en a pas moins contribué à faire le fleuve, et le fleuve ne meurt pas. D'autres prendront place parmi les ouvrages qu'on lit encore au bout de cinquante ans. La brochure sur l'usure des juifs en Alsace : *Hülfsbüchlein gegen den Wucher*, écrite il y a près de quarante années, semble composée aujourd'hui. Les *Récits alsaciens*, narrés avec un charme inimitable, conserveront toujours la même fraîcheur et le même parfum. La *Biographie de Monseigneur Ræss* restera un document pour l'histoire religieuse et politique de notre patrie. La *Monographie de la famille Bildstein* est un petit chef-d'œuvre de pensées et de sentiments. La *Grande vie de M. Liebermann* peut rivaliser avec les meilleures productions dans ce genre. Et ainsi d'une foule d'autres écrits non moins intéressants.

Comme on le voit, la plume de M. l'abbé Guerber

est une plume alsacienne quant au fond et quant à la forme. Pour lui, la patrie est notre église du temps, comme l'Eglise est notre patrie de l'éternité. Cet amour de la patrie lui a fait accepter un mandat politique à l'époque douloureuse où il fallait porter à Berlin les légitimes revendications de nos populations. Elu en 1874 député de la circonscription de Guebwiller, M. Guerber a vu, comme ses deux collègues du clergé MM. Simonis et Winterer, ses électeurs lui renouveler cinq fois son mandat avec une confiance et un dévouement que rien n'a pu ébranler. Tout le monde a été frappé au Parlement de cette parole claire et limpide, de ces accents fiers et patriotiques, qui font du député de Guebwiller l'un de nos meilleurs orateurs. Le dernier discours qu'il a prononcé, il y a quelques semaines, à propos de la nomination des maires en dehors des conseils municipaux, restera comme l'une des plus nobles protestations que nos représentants ont fait entendre dans l'enceinte du parlement allemand. Ses contradicteurs se sont fait un devoir de rendre hommage à son talent et à sa modération, que sa fermeté seule égale.

Si c'est Dieu qui nous donne la patrie, comme il a fait l'Eglise, c'est lui aussi qui inspire l'amour qu'il nous demande pour tous deux. L'abbé Joseph Guerber l'a ressenti vivement, et tous ceux qui le connaissent le comprendront avec lui. Il a su montrer que l'accomplissement du devoir est parfois une route un peu rude, mais que faire son devoir au péril d'être blâmé est un des mérites les plus réels de l'homme qui en est capable.

L'abbé H. Cetty.

Xavier-Joseph NESSEL

XAVIER-JOSEPH NESSEL

MAIRE de Haguenau et membre du Conseil d'Etat pour l'Alsace-Lorraine, est né le 20 février 1834 à Haguenau, où son père remplissait les fonctions de juge de paix. Après de bonnes études au lycée de Strasbourg, il a suivi l'enseignement du droit dans cette ville et à Paris. Rentré dans sa famille, après avoir acquis le titre d'avocat, il fut élu au Conseil municipal dès l'âge de 26 ans. Au moment où éclata la guerre, qui amena l'annexion de l'Alsace-Lorraine à l'Allemagne, il venait de se marier, le 19 avril 1870. Le 2 décembre de la même année, au milieu des difficultés causées par l'occupation allemande, le Conseil municipal de Haguenau lui demanda à l'unanimité d'accepter les fonctions de maire. La situation était délicate et l'administration de la commune assumait une charge bien rude dans ces circonstances. Pour traiter avec l'ennemi et suffire aux exigences du moment, il fallait un dévouement à toute épreuve, un zèle infatigable. M. Nessel eut ce zèle et ce dévouement. Sur les instances pressantes de ses concitoyens, il accepta le mandat qui lui était offert et qu'il a rempli depuis, sans autre souci que celui du bien de sa ville natale. Membre du Conseil général de la Basse-Alsace, député au Reichstag allemand, délégué à la diète d'Alsace-Lorraine et membre du Conseil d'Etat, tout en continuant à rester maire de Haguenau, il a su gagner, par la dignité de son attitude, la confiance du gouvernement établi et se faire des titres incontestés à la gratitude de la population par l'importance et la multiplicité des services rendus dans toutes les phases de sa carrière d'homme public.

Une position de fortune indépendante assurait au maire de Haguenau une existence facile et honorée. Au lieu de vouer les loisirs attachés à cette situation à ses goûts d'étude et à la satisfaction de ses agréments personnels, il a été et reste encore de ceux qui pensent que la fortune donne charge d'âme et qu'un homme de cœur se doit à la société dans laquelle il vit. C'est sa ville natale, plus encore que les affaires générales du pays, qui prend à M. Xavier Nessel la meilleure partie de son temps. Les affaires générales ne le laissent pas indifférent, il s'en faut de beaucoup. Son talent, ses connaissances, son intelligence des affaires le désignaient naturellement pour jouer un rôle considérable dans la politique de l'Alsace-Lorraine. Un moment, la pensée d'obtenir ou de conquérir pour le pays son autonomie politique lui a fait accepter le mandat de député au parlement de l'Empire pour la circonscription de Haguenau, aux élections de février 1877. A la diète de Strasbourg, le groupe des délégués modérés le choisit pendant des années pour la présidence de la fraction dite des Indépendants. Mais M. Nessel avait trop de perspicacité pour conserver longtemps l'illusion autonomiste. L'attitude du monde officiel lui a fait comprendre, malgré toutes les réticences, que le gouvernement allemand ne compte pas donner à l'Alsace-Lorraine une autonomie réelle ni livrer au pays la libre gestion de ses affaires intérieures. Aussi bien le maire de Haguenau n'a pas consenti à accepter une seconde fois le renouvellement de son mandat au Reichstag et les fonctionnaires chauvins, partisans de l'annexion immédiate du pays conquis à la Prusse, confondent dans une commune répulsion les autonomistes sincères et les protestataires intransigeants.

Au moment de prendre en main l'administration de la ville de Haguenau, M. Nessel trouva les finances municipales obérées, par suite des contributions de guerre. Un emprunt amortissable d'un million et demi de francs lui permit de parer aux besoins urgents, jusqu'au paiement de l'indemnité due par le gouvernement allemand. L'aliénation d'une partie de la forêt de Haguenau que la commune possède par indivis avec l'état, pour l'établissement d'un tir d'artillerie donna au maire une nouvelle occasion de déployer son activité. Le fisc militaire offrait pour l'expropriation effectuée une indemnité d'un million, insuffisante aux yeux de M. Nessel, qui n'hésita pas à lui intenter un procès à la suite duquel l'indemnité fut portée, en vertu d'un jugement du tribunal de Strasbourg, au triple de l'offre primitive. C'est sous ses auspices également que s'organisa en 1874 l'exposition internationale du houblon, tenue à Haguenau, et qui contribua à améliorer une culture d'une importance capitale pour la contrée. C'est sous son administration aussi et par suite de ses efforts personnels qu'a été établie la belle distribution d'eau inaugurée en 1885, après la construction des égouts et l'ouverture de boulevards, qui font de Haguenau une des villes les plus agréables et les plus saines des bords du Rhin. L'agrandissement du collège communal, la création d'une école de musique, la construction de nouvelles écoles primaires, le développement de la bibliothèque publique, la restauration des églises accomplie avec une intelligence d'artiste et d'archéologue, sont autant d'œuvres dues à l'activité du maire actuel.

L'étude assidue de l'histoire de l'Alsace a amené M. Nessel à entreprendre des recherches approfondies, sur les origines germaniques. Depuis des années il a commencé et continue, avec une persévérance couronnée d'un plein succès, des fouilles dans les nombreux tumulis de la grande forêt de Haguenau. Ces fouilles ont eu pour résultat la formation d'une collection très riche d'armes et d'instruments, d'ustensiles et d'objets de parure des populations primitives de la plaine du Rhin. Tous les hommes compétents, M. Bertrand, le savant directeur du musée des antiquités nationales de la France et le chanoine Straub, qui reste le promoteur de notre société pour la conservation des monuments historiques de l'Alsace, attachent un grand prix à cette collection unique. Nous y voyons une quantité d'objets que les principaux musées de l'Europe envient à la ville de Haguenau. Elle renferme les matériaux d'une monographie importante pour l'archéologie comme pour l'histoire du pays et il faut regretter que M. Nessel n'ait pas songé encore à publier les résultats de ses découvertes. Mais ici l'archéologue met autant de réserve dans la publicité de ses travaux scientifiques que l'homme politique se montre sobre de paroles dans nos assemblées délibérantes, malgré un réel talent oratoire. Aux discours et aux écrits, il a constamment préféré l'action, une action réfléchie et calme, opiniâtre, tenace, où une seule passion éclate et domine tous les autres intérêts : l'amour de sa cité natale et le bien du pays. Un jour, au Reichstag, un adversaire reprochait dans un jeu de mot aux autonomistes alsaciens d'agir en automates. A quoi M. Nessel répondit aux applaudissements de l'assemblée : « Si je suis automate, croyez alors que le seul fil qui me met en mouvement c'est l'amour de la patrie ! »

CHARLES GRAD
de l'Institut de France, député au Reichstag.

ANT MEYER, PHOTOG COLMAR

STEINHEIL, GUSTAVE

STEINHEIL, Gustave

Naquit à Strasbourg, le 19 décembre 1818. Il fréquenta le Gymnase protestant de sa ville natale jusqu'en 1834 et l'Ecole de commerce de Leipzig, de 1834 à 1837. Après un stage en Alsace et à Paris, il prit une part active à la gérance de la maison Pramberger à Rothau. En 1847, il s'associa avec son beau-frère, M. Dieterlen, pour diriger et perfectionner ce centre manufacturier qui prospéra sous son impulsion éclairée et énergique.

M. Steinheil n'est pas seulement un industriel des plus capables, il est surtout un philanthrope chrétien convaincu. Il l'a prouvé et hautement affirmé en maintes circonstances. C'est ce qui explique le caractère de son œuvre et la place particulière que son nom mérite d'occuper dans l'industrie alsacienne. Spiritualiste aussi ardent que tolérant, il a pris pour tâche essentielle de sa vie de concilier les devoirs du fabricant avec les principes les plus élevés du christianisme et de subordonner les premiers aux seconds.

Bien avant l'introduction des lois qui doivent assurer à l'ouvrier laborieux et honnête un bénéfice proportionné à sa coopération à l'œuvre du patron, et une ressource pour sa vieillesse, M. Steinheil et ses associés avaient institué une caisse de secours mutuels en cas de maladie, de pensions de retraite pour les invalides du travail, une caisse de secours pour les veuves et une caisse d'épargne; ils associaient, dans une certaine mesure, l'ouvrier aux bénéfices, en même temps qu'ils se l'attachaient par leur esprit de justice et de charité. — Appelé à présenter un rapport sur ce sujet : *Nos devoirs envers les ouvriers de l'industrie moderne*, à l'Assemblée générale de l'Alliance évangélique qui siégea à Bâle en 1879, M. Steinheil y exposa son point de vue avec autant de chaleur que de clarté. Nous extrayons de son rapport les passages caractéristiques suivants : « Vous demandez : Qu'est-ce qu'un fabricant ? Selon les uns c'est un homme qui, en produisant au meilleur marché possible et en vendant ses produits le plus cher possible, tâche de gagner beaucoup d'argent. Selon d'autres c'est un serviteur fidèle et sage que son Maître a établi sur ses serviteurs pour leur donner la nourriture au temps marqué. C'est évidemment dans la conciliation de ces deux points de vue, dont l'un est commercial et terrestre et l'autre chrétien et céleste, que gît la solution du problème. Et c'est au contraire en négligeant soit le côté terrestre, soit le côté supérieur de cette grande tâche, qu'on est condamné à l'insuccès.... Il se peut que le fabricant uniquement occupé à gagner de l'argent, qui ne voit dans l'ouvrier que le complément de la machine qu'il surveille, et dans le travail de cet ouvrier rien d'autre qu'une marchandise qu'il importe d'acquérir au plus bas prix, il se peut, dis-je, que ce fabricant devienne millionnaire, mais, certes, il n'aura point rempli la tâche que Dieu lui avait assignée. C'est parce que cette tâche a été négligée sur une si large échelle que le châtiment est venu, et ce châtiment, c'est ce socialisme athée et révolutionnaire qui se dresse au milieu de notre civilisation éclairée et qui menace de la bouleverser jusqu'en ses fondements.... J'estime que pour éviter le fléau des grèves, les patrons d'un côté et les ouvriers de l'autre ne doivent reculer devant aucun effort pour maintenir les salaires à un niveau équitable pour les uns et pour les autres.... L'ouvrier peut devenir, s'il est attentif et intelligent, un coopérateur qu'il importe de respecter dans sa dignité d'homme et qui, se sentant respecté et aimé, saura à son tour respecter la dignité du maître et du patron. »

Il n'est pas étonnant que des ouvriers, qui voient leur patron animé de semblables sentiments lui apportent leur entière confiance et l'entourent de leur vénération. Aussi M. Steinheil est-il plutôt considéré comme le père que comme le patron de ses ouvriers. — Pour prévenir les débordements du prolétariat, il donne toute son attention à leur développement intellectuel et moral. Ecoles, cours d'adultes, ouvroirs, bibliothèques populaires, unions chrétiennes ont trouvé en lui un énergique promoteur qui paie sans cesse de sa personne. — Il fut longtemps maire de Rothau; cette localité lui doit de nombreuses améliorations.

Les services signalés rendus par M. Steinheil aux ouvriers du Ban-de-la-Roche ont été récompensés en 1868 par la décoration de la Légion d'honneur.

Il concourut à la fondation du syndicat créé pour la défense de l'industrie de l'Alsace et des Vosges et prit une part active aux travaux de ce syndicat tant à Mulhouse qu'à Paris et à Berlin.

M. Steinheil est aussi membre de la Chambre de commerce de Strasbourg; il fait partie du comité qui dirige la corporation de l'industrie textile de l'Alsace et de la Lorraine.

Le département des Vosges l'avait envoyé siéger comme son député à l'Assemblée nationale, en février 1871. Mais l'année suivante déjà il déposa son mandat, rappelé en Alsace par d'impérieux devoirs. Son activité au sein de la haute assemblée, toute courte qu'elle fût, ne demeura pas infructueuse. M. Steinheil participa à ses travaux avec cette attachante cordialité, cette élévation d'esprit et cette sûreté de jugement qui s'harmonisent chez lui d'une si heureuse manière avec ses rares aptitudes et qui lui concilièrent des sympathies dans tous les partis. Les éloquentes et émouvantes « Paroles d'adieu » qu'il adressa à ses collègues, le 11 mai 1872, font preuve de son ardent patriotisme, elles énumèrent les conditions de relèvement de la malheureuse patrie. Ces conditions se résument pour M. Steinheil dans le mot de « religion », non de celle qu'on identifie avec un sombre fanatisme, mais de « cette religion de Jésus-Christ, dans sa pureté primitive, qui est la foi en un Dieu vivant, idéal et source de tout amour, de toute justice et de toute liberté ».

M. Steinheil a fait de tout temps de la théologie une étude de prédilection. Ce n'est pas chez lui l'effet d'une fantaisie littéraire, mais le résultat de son sincère attachement aux choses divines, le fruit de ses préoccupations intimes, profondes, incessantes. — Ses œuvres théologiques sont nombreuses; nous n'en citerons que les principales : *La théologie du cœur, du Prélat Oetinger; Tel baptême, telle Eglise; Les peines éternelles sont-elles des tourments sans fin?* Enfin la traduction de l'ouvrage de M. le prof. Riggenbach : *La vie du Seigneur Jésus-Christ.*

Ajoutons que M. Steinheil est depuis 35 ans membre du consistoire de Rothau et qu'il porte le plus vif intérêt aux questions qui touchent le bien-être de son Eglise. Il dirige depuis 45 ans une Ecole du dimanche nombreuse qui fait toute sa joie.

On ne saurait refuser la plus sympathique admiration à un homme dont les actes ont été sans cesse inspirés par une théologie expérimentée, au vieillard demeuré jeune et vigoureux sous ses cheveux blancs, entouré aujourd'hui de cette belle et nombreuse famille, qui voit incarnées en lui l'alliance étroite entre le travail consciencieux et la foi religieuse, l'harmonie féconde et bénie entre l'intelligence et le cœur.   E. HERTZOG.

Frédéric-Sigismond Baron de BERCKHEIM

Baron de BERCKHEIM
FRÉDÉRIC-SIGISMOND

EST né à Ribauvillé, le 9 mai 1775. Il était fils de Philippe-Frédéric et de Marie-Octavie-Louise de Glaubitz. A l'âge de quatorze ans, il entra au service comme sous-lieutenant au régiment de La Marck, qui devint, en 1791, le 77ᵉ régiment d'infanterie. Il passa lieutenant, le 1ᵉʳ juillet 1792 ; mais sa naissance le prédestinait en quelque sorte à la cavalerie, et, le 24 août 1795, il obtint un emploi de son grade dans le 8ᵉ régiment de chasseurs. Jusque-là le jeune officier avait fait campagne en Bretagne et dans la Vendée. A partir de sa promotion dans la cavalerie, on le trouve aux armées du Rhin, de Rhin-et-Moselle, de Mayence et du Danube. En 1800, il obtient le grade de capitaine au 2ᵉ régiment de carabiniers, puis, en 1805, celui de chef d'escadron au 1ᵉʳ cuirassiers. Dès lors il fait partie de la Grande armée. Deux ans après, à l'âge de trente-deux ans, sans changer de corps, il devient colonel et, à la tête de son régiment, se couvre de gloire à Heilsberg, à Friedland, à Eckmühl, à Essling, à Wagram. En 1809, le grade de général de brigade et, en 1810, le titre d'écuyer de l'empereur furent le prix de sa bravoure. Il fit la campagne de Russie et se distingua notamment à Polotsk, où il dégagea l'artillerie du deuxième corps, enveloppé par la cavalerie ennemie, et à Borrisow, où il chargea lui-même à la tête du 4ᵉ régiment de cuirassiers pour protéger le passage de la Bérézina : le général de Berckheim fut mis de ce chef à l'ordre du jour de l'armée.

En 1807, il avait été décoré de la croix de chevalier de la Légion d'honneur; le 14 mai 1813, il fut promu commandant. Le 3 septembre suivant, il devint général de division et fit en cette qualité la campagne de Saxe. C'était l'année funèbre de la bataille de Leipzig, où s'écroula la puissance napoléonienne. Le général de Berckheim prit sa part des derniers efforts et des dernières luttes. En 1814, l'empereur le mit à la tête de la division des quatre régiments de gardes d'honneur, créés pour reprendre aux familles les plus considérables ceux de leurs fils qu'elles avaient su jusque-là sauver de la conscription, en même temps qu'il le chargea de la levée en masse, de la levée des cohortes, décrétée *in extremis* dans les deux départements du Rhin.

Quand l'empire s'effondra enfin sous les fautes du rare génie qui l'avait fondé, le général de Berckheim ne refusa pas son adhésion au nouveau régime, et il fut nommé, le 24 mai 1814, commandant du département du Haut-Rhin, et, le 1er novembre, chevalier de Saint-Louis.

Lors du retour de l'île d'Elbe, Napoléon lui maintint son commandement; par contre, après les Cent jours, le gouvernement restauré de Louis XVIII le mit en non-activité : ses concitoyens le dédommagèrent de cette disgrâce en envoyant ce glorieux soldat à la Chambre des députés. Il fut réélu en 1816; mais le renouvellement par cinquième mit fin à son mandat. Cependant, en 1818, il remplit encore les fonctions d'inspecteur général de cavalerie. Ce fut sa dernière campagne: épuisé par tant de fatigues, le général de Berckheim mourut à Paris, le 28 décembre de l'année suivante.

B. Bernhard, *Recherches sur l'histoire de la ville de Ribauvillé*, pp. 292-293. — Etats de service du général de Berckheim.

 DORÉ, Louis-Auguste-Gustave

DESSINATEUR, graveur, peintre, sculpteur, est un des plus beaux génies dont puisse se glorifier l'Alsace. Il ne se rattachait à aucune école; mais ce n'en est pas moins l'un des plus grands et des plus étonnants artistes de ce siècle.

Gustave Doré avait déjà conquis la célébrité à l'âge où d'autres sont encore sur les bancs de l'école, et sa réputation, devenue bien vite populaire, était aussi grande en Europe qu'en France, et dans le nouveau monde qu'en Europe. Né à Strasbourg le 6 Janvier 1832, il est mort à Paris, alors qu'il venait à peine d'accomplir sa cinquante et unième année. Il n'a connu que par ouï-dire ces incertitudes, ces tâtonnements, ces luttes pénibles des talents qui se cherchent dans l'ombre en brisant tous les obstacles, et n'arrivent au grand jour qu'épuisés et déjà flétris. Sa vocation s'était manifestée avec une singulière persistance dès ses premières années, et dès son premier essai il fut l'enfant gâté de la fortune.

L'enfance de Gustave Doré se passa en Alsace. Son père, ingénieur des ponts-et chaussées, s'était marié à Schirmeck, et avant de s'établir à Strasbourg, avait demeuré pendant quelque temps à Epinal. Lorsqu'il vint se fixer dans la capitale alsacienne, sa femme était enceinte de son second fils, Gustave. La première passion que subit le futur artiste, lui fut inspirée par la cathédrale, à l'ombre de laquelle il était né. L'enfant repaissait journellement ses yeux de la vue de ce monument superbe, avec lequel il s'identifiait lui-même. Il ne jeu pour lui. Déjà il prépare les *Aventures du baron de Munchhausen* et l'*Histoire de l'intrépide capitaine Castagnette*, les *Contes de Perrault*, *Atala* de Chateaubriand, enfin *Don Quichotte;* il défraye à lui seul une armée de graveurs, qu'il forme, qu'il instruit, à qui l'artiste peut confier le dessin, sûr de le voir reproduit avec style, esprit et fidélité. *La sainte Bible* et *le Capitaine Fracasse* voient le jour en 1866, et *le Paradis perdu* de Milton et les *Idylles* de Tennyson, et encore *Londres* de Jerrold. En 1868 vinrent *le Paradis* et *le Purgatoire* de Dante. *L'Espagne* parut en 1873 et en 1877 l'*Histoire des Croisades* de Michaud.

Pendant les dernières années de sa trop courte carrière, Gustave Doré consacra à la peinture et à la sculpture une grande partie de son temps. Il se délassait ainsi des nombreuses illustrations qu'il avait publiées antérieurement et dont nous n'avons cité que les principales. L'artiste s'était occupé de peinture dès ses débuts. Ses tableaux, que l'Angleterre et l'Amérique achetaient au poids de l'or, sont presque tous dans ces deux pays. Ce fut en 1871 que Doré s'engagea dans l'art de la sculpture. Le public, qui ne s'étonnait plus de rien quand il s'agissait de cet homme universel, s'émerveilla cependant devant un groupe superbe qu'il exposa au Salon de 1877 : *La Pasque et l'Amour*. *La Gloire* (1878) n'eut pas moins de succès, ni *le Temps tranchant le fil de la vie*, ni *Ganymède*, ni surtout le fameux *Vase monumental* que tout le monde a admiré à l'Exposition universelle. Son dernier ouvrage fut la statue d'Alexandre Dumas, élevée au rond-point du boulevard Malesherbes, à Paris.

Gustave Doré est mort le 23 janvier 1883 et a été enterré le 25 au Père-Lachaise.

ANT. MEYER, PHOTOG. COLMAR DÉPOSÉ

GRÆFF, Michel-Ignace Auguste

Auguste GRÆFF

A atteint dans le corps des ponts et chaussées le plus haut grade auquel un ingénieur puisse aspirer; il était, au moment de sa mise à la retraite, inspecteur général de 1re classe et vice-président du conseil supérieur des ponts et chaussées, et fut ministre des travaux publics en France. Par les remarquables travaux qu'il a exécutés, par les ouvrages importants qu'il a publiés sur l'art de l'ingénieur, par ses éminentes qualités personnelles, M. Græff a mérité d'être rangé parmi les ingénieurs qui ont illustré le corps des ponts et chaussées. Né à Schlestadt le 11 mars 1812, il entra à 19 ans à l'École polytechnique, et deux ans plus tard à l'école d'application des ponts et chaussées. En novembre 1837, il fut chargé de l'arrondissement de Saverne en qualité d'aspirant-ingénieur. Il resta 20 ans à Saverne et y conquit tous ses grades jusqu'à celui d'ingénieur en chef, qu'il obtint le 1er janvier 1856. Les magnifiques travaux qu'il exécuta pour la traversée des Vosges lui valurent, en 1850, la croix de la Légion d'honneur. Comme ingénieur en chef, il eut le service du département de la Loire qu'il conserva jusqu'à sa promotion au grade d'inspecteur général, en 1875. Grâce aux importants travaux qu'il fut appelé à diriger dans ce département, il fut mis à même de déployer ses éminentes qualités d'ingénieur et d'administrateur. Une fois entré au conseil général des ponts et chaussées, il ne tarda pas à s'y créer une situation exceptionnelle, et peu d'années après, en 1879, il recevait le plus beau couronnement de carrière auquel puisse aspirer un ingénieur, par sa nomination au poste de vice-président du conseil. M. Græff exerça les fonctions de premier Ingénieur de France pendant quatre années, jusqu'à sa mise à la retraite, et tous les membres du conseil ont encore présentes à l'esprit, les remarquables qualités qu'il déploya dans ces difficiles fonctions. La considération dont il jouissait était si grande qu'il fut appelé à prendre, pendant quelque temps, le portefeuille des travaux publics, bien qu'il ne se fût jamais mêlé aux luttes politiques.

L'heure de la retraite sonna trop tôt pour Græff, car il avait encore toute l'activité nécessaire pour continuer à occuper le poste qu'il remplissait si dignement; mais la retraite fut pour lui aussi remplie de travail que l'avait été la période d'activité. Il en profita, bien qu'arrivé à l'âge de 70 ans, pour terminer un grand ouvrage sur l'hydraulique, qui le range parmi les maîtres dans cette branche si importante de la science de l'ingénieur. Le 6 août 1884, il s'est éteint dans sa propriété de Boisset (Loire), entouré de sa femme, de son fils, capitaine d'artillerie, de sa fille et de son gendre, ingénieur des ponts et chaussées, après avoir reçu les secours et les consolations de la religion en catholique fervent. Son épouse, digne compagne de sa vie, n'a pu supporter une séparation si cruelle; elle ne lui a survécu que quelques mois.

Peu d'ingénieurs ont eu à exécuter des travaux aussi considérables et aussi variés que Græff. Pendant son séjour à Saverne il a construit comme ingénieur ordinaire, soit pour le chemin de fer de Paris à Strasbourg, soit pour le canal de la Marne-au-Rhin, tous les beaux travaux de la vallée de la Zorn et de la percée des Vosges. L'espace étroit dans lequel il fallait se mouvoir, a créé des difficultés sans nombre, dont Græff s'est toujours tiré à son honneur. Tantôt le chemin de fer a dû passer sous le canal, comme dans les tunnels de Hommarting, tantôt la voie ferrée, pour raccourcir le trajet, passe à travers la montagne, tandis que le canal la contourne, tantôt les deux voies de communication sont comme accrochées, l'une au-dessus de l'autre, au flanc escarpé de la montagne. L'ensemble de ces magnifiques ouvrages, joint à la beauté du site, fait de la vallée de la Zorn une des parties des Vosges les plus intéressantes à parcourir. En même temps que Græff dirigeait ces grands travaux, il s'occupait du service des routes de l'arrondissement. Par son amour du progrès et ses incessantes recherches, il contribua beaucoup à répandre l'usage du rouleau compresseur, et l'emploi de meilleures méthodes d'entretien.

Dans le département de la Loire, Græff trouva l'occasion de rendre les plus grands services. Il parvint en peu d'années à reconstituer les routes, surtout dans les environs de la ville de Saint-Etienne, en leur appliquant la méthode d'entretien par rechargements cylindrés et en faisant choix de très bons matériaux. Pendant qu'il donnait tous ses soins à la reconstitution des chaussées, Græff se livrait à l'étude des grands travaux qui devaient lui acquérir, dans la Loire, une renommée impérissable. Au moment où il est arrivé dans ce département, la ville de Saint-Etienne manquait d'eau potable, et la population ouvrière était décimée périodiquement par la fièvre typhoïde; de plus, la ville était menacée par les crues du Furens, qui avaient, à diverses reprises, causé des dégâts considérables. La plaine du Forez manquait d'eau pour les irrigations, et elle était couverte d'étangs qui, se desséchant pendant l'été, devenaient des foyers pestilentiels.

Græff appliqua tous ses soins à remédier à ce fâcheux état de choses, et, pendant son séjour dans la Loire, en moins de treize années, il parvint à doter la ville de Saint-Etienne d'une remarquable distribution d'eau, à la préserver des inondations par la construction du magnifique barrage du Gouffre d'Enfer, à amener les eaux de la Loire dans la plaine du Forez à un niveau suffisant pour l'irriguer, et à organiser la suppression progressive des étangs qui la rendaient insalubre. Pour donner une idée de l'importance de l'œuvre de l'habile ingénieur, il suffit de rappeler que les travaux relatifs à la distribution d'eau de la ville de Saint-Etienne comprennent le captage des sources, l'établissement d'un aqueduc d'adduction de 17,386 mètres de longueur, la construction de quatre réservoirs de distribution d'une capacité totale de 15,900 mètres cubes, la pose d'une longueur de 65,000 mètres de conduites dans les rues de la ville, de 140 bornes-fontaines et de 250 bouches d'arrosage. Le barrage du Furens au Gouffre d'Enfer a 50 mètres de hauteur. C'est un des ouvrages de ce genre les plus remarquables.

Quoique très absorbé par les grands travaux qu'il a eu à diriger, Græff trouvait encore le temps de faire profiter ses collègues de ses expériences personnelles. Il publia dans les *Annales des ponts et chaussées* plusieurs mémoires qui lui valurent une médaille d'or de 300 fr. et deux médailles d'or de 600 fr. décernées par le vote des ingénieurs. Græff présenta également à l'Académie des sciences divers mémoires qui furent admis à l'honneur de l'insertion dans le *Recueil des savants étrangers* et qui valurent à son auteur, en 1874, le prix Dalmont. Enfin Græff publia trois ouvrages importants, sous ces titres : *Appareil et construction des ponts biais* (en 1867); *Construction des canaux et des chemins de fer*. Histoire critique des travaux exécutés dans les Vosges au chemin de fer de Paris à Strasbourg et au canal de la Marne-au-Rhin (en 1861); *Traité d'hydraulique*, précédé d'une introduction sur les principes généraux de la mécanique (1782-1883).

AUG. STŒCKLIN,
inspecteur général des ponts et chaussées.

NOTA. Une notice plus complète, rédigée par M. Delocre, a paru dans les *Annales des ponts et chaussées*. Juillet 1887.

ANT. MEYER, PHOTOG. COLMAR   DÉPOSÉ

GROS, JACQUES

Jacques-Gabriel GROS
1782-1863

Chef de la grande maison industrielle de Wesserling, Jacques-Gabriel Gros appartient à l'Alsace par ses œuvres, quoique le lieu de sa naissance se trouve au-delà de nos frontières. Né à Genève, de parents français, le 23 mai 1782, il est venu s'établir en Alsace, après la création de la première filature mécanique de coton dans le pays en 1803, pour y rester jusqu'au 12 octobre 1863, date de sa mort. Ses premières années se sont passées en Belgique, puis à Paris, pendant la grande Révolution. Son père était associé de la maison de commerce Senn, Biedermann et Cie, qui faisait alors enluminer à façon des toiles en coton de l'Inde à la manufacture de Wesserling, fondée une quarantaine d'années auparavant dans un ancien château de chasse des princes-abbés de Murbach.

Cette manufacture de toiles peintes était bien modeste en comparaison des établissements actuels de Wesserling. Le château des abbés de Murbach, construit à la fin du XVIIe siècle, fut vendu en 1760 à un fermier des gabelles à Thann, qui le loua à une société d'indienneurs. Vingt années durant la petite manufacture passa par des vicissitudes diverses sous les raisons sociales Sandherr Courageot et Cie, Nicolas Risler et Cie, Pierre Dollfus et Cie. En 1783 elle passa aux mains de MM. Senn, Biedermann et Cie, de Bruxelles, et fut décorée par lettres patentes de Louis XVI du titre de manufacture royale. La maison, dont le père de Jacques Gros était associé, établie à Genève et à Paris, faisait le commerce des toiles de l'Inde. Ses relations d'affaires amenèrent une association avec les indienneurs de Wesserling. Ceux-ci enluminaient au pinceau les tissus importés par leurs associés de Paris et de Genève. A l'industrie de l'enluminage, ils ajoutèrent peu à peu la fabrication des toiles tissées à bras dans les villages voisins et la préparation des filés à la main. Le régime protectionniste par lequel Napoléon I préluda au blocus continental favorisa ces établissements. Aussi bien la maison de Wesserling trouva moyen de construire en 1802 une filature mécanique, la première en date de l'Alsace, et de commencer l'année suivante l'impression au rouleau sur une machine mue par un bœuf. Aujourd'hui cette maison puissante occupe plusieurs milliers d'ouvriers, sous la raison sociale Gros, Roman et Cie produisant par année cent mille pièces de cotonnades en blanc et plus du double de tissus imprimés.

A l'époque où s'établissait la filature mécanique à Wesserling, la maison de Paris envoya en Alsace Jacques Gros, alors âgé de 22 ans. Le jeune homme avait appris le commerce sous la direction de son père et venait auprès de ses associés de Wesserling afin de résoudre certaines difficultés de gravure pour l'impression des dessins à fleurs. Le chef de l'établissement de Wesserling, qui était alors A.-Ph. Roman, l'engagea à le seconder dans sa gestion en remplacement de J. Odier. Tandis que Roman restait à la tête de l'impression, Gros prit la direction exclusive de la filature et du tissage à partir de 1804. Dès ce moment, la maison décida de remplacer complètement le travail à la main par la fabrication mécanique dans des ateliers collectifs. Jacques Gros s'entoura de mécaniciens pris à Genève et au Locle, formant lui-même ses contre-maîtres. Dès 1807, une deuxième filature, indispensable pour alimenter l'industrie croissante du tissage, s'éleva à côté de la première. Deux ans plus tard, les ateliers de Wesserling livraient au commerce 75,000 pièces de dix-sept aunes chacune, entièrement fabriquées par la maison.

Nous avons vu, dans la biographie de Joseph Kœchlin-Schlumberger, combien l'établissement d'une filature mécanique était plus difficile au commencement du siècle actuel qu'aujourd'hui. Une crise financière faillit compromettre aussi en 1810 l'existence de la maison de Wesserling. Le concours de l'empereur Napoléon l'aida à se dégager de ses embarras. Parmi les améliorations introduites par Jacques Gros dans l'industrie cotonnière d'Alsace, il faut signaler notamment l'emploi, en 1819, de la machine anglaise à parer à la farine. Vers la même époque il conçut l'idée de la préparation et de l'apprêt des cotonnades en blanc, qui devint en peu de temps pour la maison de Wesserling une branche de travail aussi avantageuse et prospère que parfaite. Pour la filature, Jacques Gros a réalisé, dès l'année 1818, l'étirage après la sortie du chariot dans les métiers mull-jenny, de manière à obtenir une plus grande régularité du fil, surtout pour les numéros fins. Au tissage, il essaya de substituer la fécule de pommes de terre à la farine pour le parage des chaînes en 1828. Poussé par ses amis à prendre un brevet pour cette invention, il se contenta de répondre qu'il n'était pas marchand de recettes et que ses concurrents pourraient également mettre à profit cette amélioration des procédés.

Secondé dans la gestion de ses affaires par de jeunes collaborateurs, au nombre desquels nous trouvons M. Marozeau, d'abord ingénieur des ponts-et-chaussées et devenu associé de la maison de Wesserling, Jacques Gros s'adonna aussi à l'agriculture. Ayant acquis de la famille Waldner de Freundstein le domaine d'Ollwiller, le grand manufacturier en fit en peu d'années un modèle d'exploitation rurale par ses méthodes de culture et par l'emploi des machines aratoires les plus perfectionnées. Une comptabilité tenue avec un soin minutieux lui permit de déterminer exactement le rendement de chaque produit. A la Société industrielle de Mulhouse, dont il a été un des fondateurs, nous le voyons figurer à partir de 1832 comme vice-président de la section d'agriculture. Comme Xavier Jourdain, un autre grand chef d'industrie, il a beaucoup contribué aux améliorations agricoles dans le Haut-Rhin. Un moment il transforma son beau domaine d'Ollwiller en ferme-école, instituée officiellement par décret du 14 mai 1849, rendu par le président de la République française. Malheureusement les élèves formés sous sa direction ne trouvèrent pas bon accueil chez nos paysans, ce qui amena la dissolution de l'école en 1855. Président du conseil d'arrondissement de Belfort et un des membres les plus actifs de la chambre de commerce de cette ville, Jacques Gros s'est aussi occupé tout particulièrement des projets relatifs au canal de la Sarre et de la création d'une succursale de la Banque de France à Mulhouse. Marié en 1810 avec la fille d'un planteur de Saint-Domingue, Mlle Catherine Marie, il en eut neuf enfants, alliés aux principales familles industrielles du pays. Le second de ses fils, M. Aimé Gros a été longtemps député du Haut-Rhin à la Chambre française, tandis que le quatrième, M. Edouard Gros-Hartmann, continue plus particulièrement l'œuvre paternelle, comme chef actuel de la maison de Wesserling. CH. G.

ANT. MEYER, PHOTOG. COLMAR   DÉPOSÉ

GÉRARD, Charles

GÉRARD, Charles-Alexandre

Est né à Longwy, le 24 janvier 1814 : il avait deux ans, quand sa famille vint s'établir en Alsace. Ses plus lointains souvenirs le reportaient à Strasbourg; mais sa première jeunesse se passa à Sainte-Marie-aux-Mines. Evidemment, chez lui, le goût pour l'étude se manifesta sitôt qu'il fut capable de jouir des plaisirs de l'esprit. Quand il s'agit de choisir sa carrière, il entra d'abord dans le commerce. Mais sa vocation l'emporta et, en 1837, à Toulouse, il collabore à la *Revue du Midi*. Peu après on le retrouve à Paris, où il écrit dans la *Revue du XIXe Siècle*. Il s'essaie, non sans charme, dans des genres divers, depuis la nouvelle jusqu'à l'histoire : des travaux tels qu'un essai sur l'origine de l'esclavage et une étude sur Machiavel, ont pu fixer l'attention d'Augustin Thierry, qui témoigna un moment à Gérard une bienveillance dont il aimait à se prévaloir dans la suite. Peu après il revint en Alsace, pour remplir à Sainte-Marie l'emploi de secrétaire de la mairie, que la mort d'un frère aîné avait rendu vacant. Au moment où il entra en fonctions, la ville était harcelée par ses annexes, qui revendiquaient leur érection en commune : pour ses débuts, le nouveau secrétaire rédigea un exposé des faits, qui rallia tous les suffrages et qui témoignait une fois de plus de la diversité de ses aptitudes.

Ce fut là sans doute ce qui l'amena à faire son droit. Il s'était marié, le 29 juillet 1840, à Colmar : il s'y établit provisoirement pour se préparer au baccalauréat-ès-lettres, qu'il n'avait pas encore passé; ce qui ne l'empêcha pas d'entreprendre en même temps des recherches sur l'histoire de la guerre de Trente ans en Alsace. A Strasbourg, également, l'étudiant en droit trouva moyen de se dédoubler, en collaborant, avec Ch. Bœrsch, à la rédaction du *Courrier du Bas-Rhin*. Le 22 août 1845, il obtint le titre de licencié, qui lui ouvrait l'accès du barreau. Il revint à Colmar, où il commença à plaider, en même temps qu'il écrivait des articles de polémique pour la feuille locale. Mais quand la révolution de Février éclata, il accepta le poste de sous-commissaire du gouvernement provisoire à Altkirch, que ses confrères, ses amis politiques lui offraient. Lors de l'élection présidentielle, il était sous-préfet de Saverne. Mais rien ne le recommandait auprès du nouveau gouvernement, qui lui substitua précisément le fonctionnaire de Louis-Philippe que Ch. Gérard venait de remplacer à Altkirch. Il n'eut pas à se plaindre de cette disgrâce : elle le mit en faveur auprès des électeurs du Bas-Rhin, qui, le 13 mai 1849, l'envoyèrent siéger à l'Assemblée législative.

Comme député, Gérard eut la chance de ne pas se compromettre avec la plupart de ses collègues alsaciens, lors de l'échauffourée du Conservatoire, qui rendit irrémédiable la défaite que les élections avaient infligée au parti républicain. Pour lui, il faisait l'école buissonnière dans les bibliothèques et les archives de Paris.

Après le Deux Décembre, il revint à Colmar. Cette fois-ci, il s'agissait de se faire pour de bon sa place au barreau, de se rompre à la pratique des affaires. Les habitudes de travail méthodique qu'il devait à ses études d'histoire, lui furent d'un grand secours. Il avait à un haut degré le don de la parole, et il savait adapter son éloquence selon la cause qu'il plaidait; peu à peu son cabinet devint un des plus importants de la vieille ville parlementaire.

Cependant il n'oubliait pas les lettres et, en 1853, il publia un excellent *Annuaire du département du Haut-Rhin* (Colmar, V° Decker, in-12); en 1854, de compte à demi avec son ami M. J. Liblin, les *Annales et la Chronique des Dominicains de Colmar* (ibid., in-8°). Il fut de plus un des premiers collaborateurs de la *Revue d'Alsace*, que M. Liblin venait de fonder pour servir de refuge à plus d'un éclopé de la politique. C'est là que parurent ses études sur les batailles d'Entzheim et de Türkheim, qui ont été réimprimées à part, en 1869 et en 1870. La même revue eut la primeur de l'*Ancienne Alsace à table*, le chef-d'œuvre de Gérard. Les onze chapitres de ce livre se succédèrent dans la revue, de 1853 à 1862, avant d'être réunis en volume.

Tout en contribuant personnellement à enrichir notre littérature historique, Gérard eut l'ambition de former à son usage une bibliothèque qui lui fût exclusivement consacrée. Le dépouillement raisonné de ses livres lui fournit des matériaux de plus en plus importants. Il ne disait rien cependant de ce qu'il comptait en faire; car il savait que le moins qui pût lui arriver, si l'on avait connu ses projets, c'était de faire dire qu'ils lui faisaient perdre les causes qu'on lui confiait. Cependant, de temps à autre, un mot dans la conversation donnait à comprendre à ses amis que tel sujet l'avait séduit et que peut-être il en ferait quelque chose. Mais entre-temps il se préoccupait plus de compléter le trésor de notre histoire que d'y ajouter du sien. On aurait dit qu'il avait le pressentiment des dangers prochains qui menaçaient nos documents inédits, quand, de concert avec un autre amateur d'alsatiques, il proposa à la Société pour la conservation des monuments historiques de publier nos chroniques manuscrites. A ce moment la Société n'osa pas se charger de cette entreprise.

Depuis lors elle s'est ravisée, après que d'autres lui eurent donné l'exemple, et que, dans l'intervalle, l'incendie de la bibliothèque de Strasbourg eût réduit sa tâche.

Pendant la guerre, pour échapper à ce que la réalité avait de lugubre et de poignant, Gérard se réfugia dans le passé. Il y trouva l'apaisement dont il avait besoin. Il revint à ses notes, et il en tira trois volumes in-8° : *Essai d'une faune historique de l'Alsace* (Colmar, Eug. Barth, 1871); *Les Artistes de l'Alsace au moyen-âge* (ibid., 1872-73).

Après que les trois départements français du Rhin et de la Moselle furent devenus le *Reichsland*, Gérard, que ses concitoyens avaient envoyé siéger au conseil municipal, lui prêta sa plume pour plaider le maintien, à Colmar, de la Cour d'appel. Le gouvernement fit droit à ces instances, et même, en réorganisant la justice, il autorisa provisoirement l'usage du français devant les tribunaux. Gérard crut tout sauvé, quand il entrevit la possibilité de conserver l'ancien barreau. Malheureusement son illusion ne fut pas longue : devant une défection inattendue, nos vieux avocats prirent le parti de s'exiler. Gérard qui croyait encore à l'esprit de confraternité, ne put cacher son désespoir.

Par son père il était lorrain : il se décida à partir pour Nancy. Sa réputation d'orateur, de lettré, d'érudit, d'historien, de bibliophile l'avait précédé; mais quoiqu'il eût trouvé le meilleur accueil, et que même l'Académie de Stanislas lui fît l'honneur de se l'agréger, le vieil arbre dont l'Alsace était devenue la patrie et dont les racines plongeaient si avant dans le passé, ne supporta pas la transplantation. Le pauvre Gérard vieillit en peu de temps. Cependant il écrivit encore pour une réimpression de l'*Ancienne Alsace à table* (Nancy, Berger-Levrault et Cie, 1877, in-8°), une préface où il mit à nu la blessure qui saignait au fond de son cœur ; puis il s'alita, s'affaiblit de plus en plus et s'éteignit enfin, le 24 août 1877, victime de la nostalgie qui décime nos exilés.

Voilà dix ans qu'il a été enlevé à ses amis. Depuis lors combien l'ont rejoint? et aujourd'hui combien en reste-t-il de ceux qui ont goûté le charme de sa parole, le naturel, l'imprévu et la finesse de sa conversation, les anecdotes, les paradoxes, les hyperboles, les saillies qui ne tarissaient pas, ce mélange d'ironie à fleur de peau et de réelle bonhomie, qui était comme la marque de son esprit? Encore dix autres années, et peut-être n'y aura-t-il plus personne qui se souvienne de la jouissance idéale qu'il y avait de vivre dans la familiarité de cet aimable homme, chez qui l'affinement cérébral n'a jamais troublé l'égalité de l'humeur. Quelques volumes lui survivront cependant, et tant qu'on saura le français en Alsace, il se trouvera des lecteurs pour apprécier ces pages savoureuses, dont l'inspiration, la fantaisie, le style sont toujours tempérés par une parfaite mesure et la bonne grâce.

X. MOSSMANN.

SOURCES : Bulletin du Musée historique de Mulhouse, III, X. Mossmann, Notice biographique sur Ch. Gérard. — IV, P. Ristelhuber, La jeunesse de Ch. Gérard.

ANT. MEYER. PHOTOG. COLMAR DÉPOSÉ

LANG, Irénée

LANG, Irénée

FABRICANT de toiles métalliques, et député au Reichstag allemand pour l'arrondissement de Schlestadt, est né dans cette ville le 1ᵉʳ août 1841. L'industrie des tissus métalliques lui doit plusieurs inventions et des perfectionnements importants. S'il est arrivé à se charger d'un mandat politique, c'est par le hasard des circonstances, par dévouement pour son pays, non par l'ambition de jouer un rôle en vue.

Schlestadt, qui a aujourd'hui le monopole de la fabrication des toiles métalliques pour les machines à papier, a été de longue date la résidence d'une corporation des tamisiers. Cette corporation, dont la famille Lang a fait partie, de père en fils, depuis plusieurs générations, a introduit son industrie en Alsace simultanément avec la fabrication du papier. Autrefois le papier se fabriquait à la main, au moyen de formes ou châssis métalliques. On faisait égoutter sur cette forme une couche régulière de pâte qui donnait la matière de la feuille séchée à l'air. Déjà les papetiers établis au siècle dernier sur les deux versants des Vosges, où les moulins à papier trouvaient l'eau à leur convenance, comme les fabriques de toiles peintes du rayon de Mulhouse, faisaient faire leurs formes chez les tamisiers de Schlestadt. La maison Zuber, de Rixheim, d'abord établie à Roppentzwiller dans la vallée supérieure de l'Ill, a été le berceau de cette industrie dans le pays.

Après l'invention de la machine pour fabriquer le papier en feuilles continues d'une longueur inqui se sont occupés également de la fabrication et du commerce des toiles métalliques. Resté seul à la tête des établissements de Schlestadt et de Nancy, dont la gestion eut suffi pour l'occuper, il a cédé à la prière de ses concitoyens pour se charger du mandat législatif devenu vacant par suite de la retraite de M. Heckmann-Stintzy, de Muttersholtz, aux élections de 1881 pour le Reichstag. Sans ambition personnelle, mais fidèle à ses convictions libérales et très ferme tout à la fois, M. Lang s'est réuni au groupe des députés alsaciens qui ont réclamé pour le pays le droit de disposer de lui-même. Les populations de l'Alsace et la ville de Schlestadt, tout particulièrement, ont trouvé dans sa personne un représentant toujours prêt à se dévouer pour la défense de leurs intérêts, dans la mesure de ses moyens.

Ch. G.

Famille SULTZER

LA FAMILLE SULTZER

Peu d'années avant la Révolution, un jeune lauréat du collège épiscopal de Strasbourg, était venu passer ses vacances auprès d'un de ses oncles, prieur des Bénédictins de Marmoutier. Les pères de cette célèbre abbaye alsacienne, frappés de l'esprit vif et lucide du débutant, de son application et de son énergie, voulurent l'attacher à leur ordre. Ils pensaient trouver en lui un continuateur de l'œuvre de ces Bénédictins du moyen-âge, qui sauvèrent du naufrage du monde ancien, le trésor des lettres et des sciences. Si le jeune Sultzer eût cédé aux instances des bons pères et au charme qu'il éprouvait à errer, un livre à la main, sous le portique du monastère, peut-être la théologie et l'histoire eussent-elles compté un maître de plus, mais déjà le souffle précurseur d'une ère nouvelle se faisait sentir. Après quelques mois de théologie, Charles Sultzer comprit qu'il faisait fausse route, et il abandonna les sciences divines pour la science médicale. Son père, serrurier habile et fort estimé à Strasbourg avait plusieurs enfants. Pour ne pas être à la charge de sa famille pendant son apprentissage médical, le jeune homme alla trouver l'habile chirurgien Marchal, à qui il inspira, à première vue, la même sympathie qu'avaient éprouvée les pères Bénédictins de Marmoutier. M. Marchal offrit de le prendre chez lui, et l'adjoignit à sa pratique, en lui permettant de se réserver le temps nécessaire pour suivre les cours de l'Université. Sultzer passait alternativement de la salle des cours au lit des malades et suppléait même parfois son maître dans ses visites à l'hôpital et en ville. Il ne tarda pas à conquérir l'amitié du célèbre naturaliste Jean Hermann, dont il suivit l'enseignement à l'Université et au Jardin botanique, ainsi que celle de ses autres professeurs. Déjà il avait passé et soutenu avec beaucoup d'éclat sa thèse de maîtres-ès-arts, et il allait soutenir celle de docteur, lorsque l'Université disparut en vertu d'un décret de la Convention. La carrière de Charles Sultzer ne fut point brisée pour cela. Il donna à la pratique de l'art de guérir le temps qu'il ne lui était plus permis de donner à la théorie, obtint le brevet de chirurgien aide-major d'un des bataillons de la garde nationale qui prirent part à la défense de l'île des Epis et de Kehl, puis fut reçu élève interne de l'hôpital civil de Strasbourg.

Le décret du 24 frimaire de l'an III avait établi à Strasbourg l'une des trois écoles de santé créées pour remplacer les facultés de médecine supprimées. La réputation croissante du jeune interne de l'hôpital civil ne pouvait manquer de lui assigner une place dans cette organisation. Il devint, au mois de juin 1796, par la force des choses et sans avoir rien demandé, chef des travaux anatomiques de la nouvelle école. Ses services l'appelaient à devenir professeur en titre ; c'était le vœu de tous les dignitaires de l'école. Mais deux goûts, qui s'expliquent peut-être l'un par l'autre, se développaient de plus en plus en lui : le goût de la botanique et celui de la campagne. Le premier faillit l'emporter bien loin de sa chère Alsace.

Pour frapper un coup mortel à l'Angleterre, le gouvernement consulaire avait projeté une expédition dans l'Inde et une commission de savants devait être attachée à l'armée. L'imagination de Sultzer prit feu à cette nouvelle. Le voilà abandonnant l'école de médecine de Strasbourg et accourant à Paris. Accueilli avec distinction par Cuvier, par Geoffroi Saint-Hilaire, par Duméril, le naturaliste strasbourgeois, n'eut pas de peine à se faire comprendre dans le contingent des jeunes savants désignés pour prendre part à l'expédition. Celle-ci n'eut pas lieu, au grand désappointement de notre héros. « Restez avec nous — lui dit alors Cuvier — notre Jardin des plantes vous consolera de l'Inde. » Cette offre séduisante échoua devant un parti pris. « Puisque je ne puis aller botaniser au bout du monde — répondit Sultzer — je serai médecin de campagne, » et il vint reprendre sa place de chef des travaux anatomiques à Strasbourg.

Ce fut en 1801 seulement, lorsque la Faculté fut complètement réorganisée, qu'il demanda à passer sa thèse de doctorat. Cette thèse fut pour lui l'occasion d'une ovation. Les professeurs s'excusèrent d'avoir à l'interroger et le candidat fut presque obligé de quereller ses juges pour être admis à subir toutes les épreuves réglementaires. Sultzer était déjà docteur en philosophie. Il quitta définitivement Strasbourg en 1803, malgré les regrets et les sollicitations de ses collègues, pour aller s'établir à Barr.

Balzac a tracé le portrait du médecin de campagne. Ce portrait, moins quelques coups de pinceau nécessités par la trame du roman, semble calqué sur le Dr Sultzer. Il avait entrevu à Strasbourg une jeune orpheline sans fortune, dont la physionomie douce, le cœur noble et dévoué l'avait séduit. Il la choisit pour la compagne de sa vie et quoiqu'aucun enfant ne soit venu bénir cette union de près de cinquante ans, rien n'égala son désespoir lorsqu'elle mourut à l'âge de 79 ans.

Le soin des malades, l'étude constante de son art, la culture des lettres, se partagèrent le temps de Sultzer à Barr. Les honneurs vinrent le chercher dans sa solitude et il fut l'objet de nombreuses distinctions, qu'il serait trop long d'énumérer ; mais rien ne valut jamais pour lui la satisfaction du devoir accompli, et le charme qu'il trouvait dans l'étude. Il avait conservé de son séjour à Marmoutier le goût des annotations sur les livres. Sa prodigieuse mémoire, ses connaissances variées donnent à ces notes un intérêt puissant. Peu de livres de sa riche bibliothèque en sont privés et telle est leur abondance sur les marges de certains ouvrages que leur valeur en est triplée et que leur reproduction donnerait lieu à des éditions de la plus profonde originalité. Ces nombreuses notes ont fait vivement regretter que sa modestie l'ait toujours empêché de rechercher le titre d'auteur. Après avoir fourni une des plus longues et des plus belles carrières qu'il soit donné à l'homme d'atteindre, le Dr Sultzer, né le 15 avril 1770, est mort le 30 juillet 1854, à l'âge de 86 ans.

Sa sœur, Catherine-Madeleine Sultzer, est née à Strasbourg le 9 août 1778. Entrée le 15 octobre 1805, dans la congrégation des sœurs grises, elle en fut nommée supérieure générale le 13 juin 1809. Sous sa direction la Société prit une extension qui tient du miracle : non-seulement les communes grandes et petites de l'Alsace furent pourvues de sœurs, mais de nombreuses maisons furent encore créées à l'étranger. L'énergie, le rare et juste discernement, l'esprit pratique, le calme imperturbable, l'égalité d'humeur, la mâle et solide piété, la douceur et la fermeté de caractère, l'abnégation de cette âme exceptionnellement douée, sont encore cités comme modèles dans la Compagnie religieuse qui lui doit son développement et sa prospérité. La sœur Sultzer est morte à l'âge de 88 ans, à la maison de la Toussaint, qu'elle avait fondée.

ZUBER, Hubert-Jules-César

ZUBER, Hubert-Jules-César

PROFESSEUR agrégé au Val-de-Grâce, médecin principal des armées, officier de la Légion d'honneur, officier d'Académie, officier de Ste-Anne de Russie, commandeur du Dragon de l'Annam, etc., est né à Bruebach, près Mulhouse, le 15 mai 1847. Il fit ses études au Collège libre de Colmar, où l'enseignement était donné par une phalange de prêtres instruits et libéraux à la tête desquels se trouvait le regretté Ch. Martin. Il y brilla fort, ce qui n'est pas très rare, et continua de briller dans la suite, ce qui est infiniment moins commun.

C'est ainsi qu'il devint l'un des élèves les plus distingués de la Faculté de médecine de Strasbourg, Faculté qui, dans les dernières années de l'empire, occupait une place des plus importantes dans le mouvement scientifique de l'époque. Il fut l'interne et le disciple de Hirtz, dont il se fit, à certains égards, le continuateur.

Zuber suivait les cours de la Faculté en qualité d'élève militaire; aussitôt après sa soutenance de thèse, il passa à l'Ecole d'application du Val-de-Grâce et en sortit, comme il y était entré, le premier de sa promotion.

Cette sortie de l'Ecole fut d'ailleurs hâtée par la déclaration de la guerre, à laquelle Zuber prit part dès le début. Le jeune aide-major fit ses premières armes de médecin militaire sur les champs de bataille de Metz ; à Lyon ensuite, il s'essaya, dans la 2ᵉ légion d'Alsace-Lorraine, à ce rôle d'organisateur où il devait exceller plus tard.

Décoré à 23 ans, il se remet au travail, après la paix, mais non sans en être distrait par l'insurrection communale. Sa situation à Paris, où il est nommé surveillant au Val-de-Grâce, ne tarde pas à assurer l'aliment nécessaire à son activité scientifique. Il s'y dépense avec une ardeur sans égale, si bien que, malgré un exil sous le ciel torride et énervant de Biskra, il rentre en triomphe au Val-de-Grâce, après un brillant concours d'agrégation.

Son succès, comme professeur, fut des plus réels; il avait ce genre d'intelligence qui convient à l'enseignement : des idées nettes, clairement exposées. Entre temps, il est envoyé en mission pour représenter le gouvernement français dans différents congrès, à Genève, à Turin, à Londres, à Berlin. Survient la peste d'Astrakan : le ministre du commerce délègue le professeur agrégé d'épidémiologie du Val-de-Grâce pour faire partie de la commission européenne chargée d'étudier sur place le terrible fléau et de prendre les mesures nécessaires pour en arrêter l'extension. Mais pour lui barrer le passage, il fallait d'abord savoir quelle avait été la porte d'entrée de l'épidémie : on dut cette importante découverte à la sagacité de Zuber.

L'organisation du service de santé dans les armées étrangères avait fait l'objet de ses études de prédilection. Aussi, dès la mise à exécution de la loi de réorganisation de l'armée, affranchissant enfin la médecine militaire de l'odieuse et ridicule tutelle de l'Intendance, Zuber fut-il, en raison de sa compétence spéciale, attaché à la nouvelle Direction du service de santé qu'on venait de créer au ministère. C'est dans ces fonctions qu'il put déployer à son aise ses remarquables qualités techniques et contribuer, pour la plus large part, à la rédaction du règlement sur le service de santé des armées en campagne.

A la théorie, il voulut joindre la pratique; c'est pourquoi il sollicita et obtint de partir pour le Tonkin. Aussitôt débarqué, il prit part à l'expédition de Langson où il se distingua au point de provoquer l'admiration de tous, depuis le général jusqu'au simple soldat. Il ne tarda pas à être promu au grade de médecin principal, assimilé à celui de lieutenant-colonel. A peine âgé de 38 ans, Zuber avait atteint les échelons les plus élevés de la hiérarchie militaire, et nul doute qu'il n'eût gagné le dernier, si la mort, comme par une cruelle ironie du sort, ne l'en eût précipité inopinément.

Dès son arrivée dans l'Indo-Chine, il avait été pris par la maladie : les fatigues extrêmes de la campagne de Langson ne firent qu'aggraver son état. Au prix d'efforts surhumains, il résista cependant et, quoique malade lui-même, il dirigea le service des cholériques centralisé à l'hôpital de Haï-Phong, avec un tel dévouement, qu'il mérita la croix d'officier de la Légion d'honneur peu de temps après son élévation au principalat. Mais il avait dépassé la mesure de ses forces : un accès foudroyant de fièvre pernicieuse l'enleva le 3 août 1886, à la veille de son retour en France. Il succombait avant le complet épanouissement d'une carrière aussi courte que bien remplie, aussi brillante que glorieuse!

La mort de Zuber a été une perte considérable pour l'armée qui porta pieusement son deuil, pour la France où la nouvelle de sa fin prématurée souleva d'unanimes regrets, pour ses vieux parents enfin dont il était l'unique enfant, l'appui et le soutien, en même temps que la joie et l'orgueil!

la 2ᵉ légion d'Alsace-Lorraine, à ce rôle d'organisateur où il devait exceller plus tard.

Décoré à 23 ans, il se remet au travail, après la paix, mais non sans en être distrait par l'insurrection communale. Sa situation à Paris, où il est nommé surveillant au Val-de-Grâce, ne tarde pas à assurer l'aliment nécessaire à son activité scientifique. Il s'y dépense avec une ardeur sans égale, si bien que, malgré un exil sous le ciel torride et énervant de Biskra, il rentre en triomphe au Val-de-Grâce, après un brillant concours d'agrégation.

Son succès, comme professeur, fut des plus réels; il avait ce genre d'intelligence qui convient à l'enseignement : des idées nettes, clairement exposées. Entre temps, il est envoyé en mission pour représenter le gouvernement français dans différents congrès, à Genève, à Turin, à Londres, à Berlin. Survient la peste d'Astrakan : le ministre du commerce délègue le professeur agrégé d'épidémiologie du Val-de-Grâce pour faire partie de la commission européenne chargée d'étudier sur place le terrible fléau et de prendre les mesures nécessaires pour en arrêter l'extension. Mais pour lui barrer le passage, il fallait d'abord savoir quelle avait été la porte d'entrée de l'épidémie : on dut cette importante découverte à la sagacité de Zuber.

L'organisation du service de santé dans les armées étrangères avait fait l'objet de ses études de prédilection. Aussi, dès la mise à exécution de la loi de réorganisation de l'armée, affranchissant enfin la médecine militaire de l'odieuse et ridicule tutelle de l'Intendance, Zuber fut-il, en raison de sa compétence spéciale, attaché à la nouvelle Direction du service de santé qu'on venait de créer au ministère. C'est dans ces fonctions qu'il put déployer à son aise ses remarquables qualités techniques et contribuer, pour la plus large part, à la rédaction du règlement sur le service de santé des armées en campagne.

A la théorie, il voulut joindre la pratique; c'est pourquoi il sollicita et obtint de partir pour le Tonkin. Aussitôt débarqué, il prit part à l'expédition de Langson où il se distingua au point de provoquer l'admiration de tous, depuis le général jusqu'au simple soldat. Il ne tarda pas à être promu au grade de médecin principal, assimilé à celui de lieutenant-colonel. A peine âgé de 38 ans, Zuber avait atteint les échelons les plus élevés de la hiérarchie militaire, et nul doute qu'il n'eût gagné le dernier, si la mort, comme par une cruelle ironie du sort, ne l'en eût précipité inopinément.

Dès son arrivée dans l'Indo-Chine, il avait été pris par la maladie: les fatigues extrêmes de la campagne de Langson ne firent qu'aggraver son état. Au prix d'efforts surhumains, il résista cependant et, quoique malade lui-même, il dirigea le service des cholériques centralisé à l'hôpital de Haï-Phong, avec un tel dévouement, qu'il mérita la croix d'officier de la Légion d'honneur peu de temps après son élévation au principalat. Mais il avait dépassé la mesure de ses forces: un accès foudroyant de fièvre pernicieuse l'enleva le 3 août 1886, à la veille de son retour en France. Il succombait avant le complet épanouissement d'une carrière aussi courte que bien remplie, aussi brillante que glorieuse!

La mort de Zuber a été une perte considérable pour l'armée qui porta pieusement son deuil, pour la France où la nouvelle de sa fin prématurée souleva d'unanimes regrets, pour ses vieux parents enfin dont il était l'unique enfant, l'appui et le soutien, en même temps que la joie et l'orgueil!

Comme savant et comme médecin, comme patriote et comme soldat, son nom mérite de figurer avec honneur dans cette galerie des hommes marquants de notre chère Alsace.

René Larger.

JECKER, François-Antoine

JECKER, François-Antoine

L'Angleterre était, vers la fin du siècle dernier, la première nation pour la fabrication des instruments de mathématiques et d'astronomie appliqués à la marine. Le célèbre Ramsden avait, à cette époque, poussé à un très haut degré de perfection cette branche de la mécanique. Londres fournissait à des prix exorbitants, à tous les navigateurs de l'Europe, les instruments dont ils avaient besoin. La France, comme toutes les autres nations, était tributaire de sa rivale pour cette partie indispensable de l'équipement de ses vaisseaux, lorsqu'un Alsacien, d'abord disciple et bientôt émule de Ramsden, osa disputer à l'Angleterre un monopole consacré par de longues années de possession.

Jecker naquit à Hirtzfelden, le 14 novembre 1765. Son père était un honnête cultivateur connu pour sa probité et ses mœurs patriarcales. Son grand-père était le maréchal-ferrant de l'endroit; il avait une prédilection pour son petit-fils, et il l'associa à son humble labeur dès que l'enfant en eut la force. Ce fut là, avec les leçons du maître d'école du village, la seule éducation que reçut le jeune Jecker. On remarquait cependant déjà en lui des dispositions remarquables pour les arts mécaniques. Tout le temps qu'il pouvait dérober à ses occupations journalières, il l'employait à étudier quelques livres de science qu'il avait pu se procurer. Il ne se bornait pas à lire, il s'exerçait à imaginer des machines et à les exécuter. Vainement son père essaya-t-il de lui inspirer le goût de l'agriculture et de le fixer dans son pays natal; le jeune mécanicien, entraîné par une vocation irrésistible, brûlait du désir de quitter son village, pour aller s'instruire dans une grande ville. A l'âge de dix-neuf ans, Jecker obtint enfin, mais non sans peine, la permission de se rendre à Besançon, où deux de ses oncles étaient établis, comme organistes. Tout le charme de leur art ne put détourner leur neveu de son penchant. Il entra chez un horloger-mécanicien en qualité d'apprenti et, au bout d'un an, l'élève en savait plus que le maître et avait épuisé toutes les ressources scientifiques de Besançon. Sur le conseil de ses oncles, il partit alors pour Paris, où il se perfectionna dans le travail des limes et de l'ajustement, puis alla à Versailles, où il fut admis chez le maître-serrurier du roi Louis XVI.

En 1786, Jecker passa la Manche avec un de ses camarades et alla résolûment frapper à la porte de Ramsden. Celui-ci refusa d'abord de l'accueillir parmi ses ouvriers. Cependant, quelque temps après, touché de sa persévérance, frappé de son intelligence si vive et si nette, il se décida à l'employer. Il le prit en affection et n'eut plus rien de caché pour lui. Bientôt le petit paysan alsacien devenait l'ami et le commensal du célèbre ingénieur, alors à l'apogée de son talent et de sa renommée. Pendant six années qu'il passa auprès de son illustre maître, Jecker travailla sans relâche, approfondit les mystères de la science, s'initia à toutes les découvertes récentes et se lia avec plusieurs mécaniciens distingués. Il avait compris que son habileté comme ouvrier ne pouvait le conduire bien loin, s'il ne joignait la théorie à la pratique. Il se mit donc à étudier les mathématiques. Tous les soirs, en sortant de l'atelier, il recommençait ainsi une nouvelle journée de travail, pour ainsi dire, et un labeur bien plus pénible que celui qu'il venait de quitter, car il s'agissait de résoudre les difficultés les plus ardues de l'algèbre et de la trigonométrie.

Plus tard, quand il eut obtenu fortune et réputation, il disait souvent à ses ouvriers : « Rappelez-vous que le seul moyen d'arriver à quelque chose, c'est de travailler sans cesse et toujours et de ne se laisser rebuter par aucun obstacle ».

En 1792, il revint en France, riche de savoir et d'espérance, prêt à employer au service de sa patrie son expérience et son talent. Coulomb, Lagrange, Monge, Carnot, Darcet tendent les mains au jeune savant. Sous leurs auspices, il présente au Bureau de consultation des arts une machine propre à diviser les lignes droites en parties égales et le dessin d'une autre machine pour tailler la vis de toutes sortes de pas avec une très grande régularité. Une récompense de trois mille francs lui est accordée par le bureau. Encouragé par ce premier succès et par les avis bienveillants de plusieurs savants célèbres, Jecker ne se promet rien moins que de réaliser les rêves de sa jeunesse, que d'exécuter les plans qu'il avait mûris avec une laborieuse patience pendant huit ans. Il veut affranchir son pays du tribut qu'il paie, ainsi que toute l'Europe, à l'Angleterre. Il va s'adonner exclusivement à la fabrication d'instruments de mathématiques et fonder une manufacture sur le modèle de celle de son ancien maître Ramsden ; mais tout-à-coup la réquisition l'enlève à ses travaux et le force d'ajourner ses projets. Aux armées, Jecker se fait remarquer par son courage et ses talents. Ses connaissances théoriques et pratiques lui font donner en très peu de temps le grade de capitaine du génie ; il serait sans doute parvenu aux premiers rangs dans cette arme, mais il se sentait appelé à remplir une autre mission. Il demanda son congé dès qu'il put le faire honorablement et revint à Paris reprendre avec ardeur ses travaux.

Dès lors la vie de Jecker n'est qu'une longue

suite d'inventions ou d'importations. Il organise sur une vaste échelle, dans un des quartiers populeux de la capitale, une fabrique d'instruments d'astronomie, de géodésie et d'optique. Il enseigne à une classe nombreuse d'ouvriers, dont il devient le bienfaiteur et le père, l'art tout nouveau pour les mécaniciens français de fabriquer des instruments de précision. A la chute des assignats, lorsque les monnaies reparurent, le plus souvent rognées et altérées, il rendit un immense service au commerce par l'invention d'un *Pèse-monnaies*, d'une exactitude si rigoureuse qu'il était facile de constater, avec son secours, les plus légères altérations.

En 1801, Jecker obtient une médaille d'honneur à l'exposition des produits de l'industrie française. A l'exposition suivante, en 1806, il reçoit une nouvelle médaille de première classe, en argent. Enfin, en quelques années, la maison de Jecker est devenue célèbre non-seulement en France, mais à l'étranger. C'est lui qui approvisionne les flottes d'instruments nautiques; sa réputation est européenne. Le 3 août 1810, l'Institut de France sanctionne d'une manière solennelle la renommée qu'il s'est acquise comme opticien et comme ingénieur. Il avait soumis à son jugement plusieurs ouvrages de mérite. Les conclusions du rapport rédigé par les commissaires de la classe des sciences physiques et mathématiques accordent à Jecker un éloge des plus flatteurs. Les Anglais eux-mêmes ne purent s'empêcher de rendre témoignage à son talent. En 1819, Jecker reçut pour la quatrième fois une médaille et il fut breveté de confirmation à toutes les expositions suivantes. Il fut soudainement enlevé à ses travaux et à ses succès par une congestion cérébrale, le 30 septembre 1834. Il avait soixante-neuf ans.

KUHLMANN, Charles-Frédéric

Charles-Frédéric KUHLMANN
1803-1881

A eu une carrière des plus actives et des mieux remplies, comme chimiste et comme chef d'industrie. Né à Colmar le 22 mai 1803, il est mort le 27 janvier 1881 à Lille, laissant, avec un nom estimé dans la science, une grande fortune acquise par son travail. L'Académie des sciences de Paris l'a compté au nombre de ses membres correspondants, avec M. Hirn et M. Schimper, deux autres savants dont l'Alsace s'honore. Tandis que ceux-ci ont accompli dans leur province natale les recherches et les découvertes par lesquelles ils se sont illustrés dans le domaine de l'histoire naturelle et des sciences physiques, Kuhlmann a dû s'éloigner de bonne heure des bords du Rhin pour s'établir dans le Nord. Il était encore enfant, lorsqu'il perdit son père, géomètre à Colmar. Livré à lui-même, il manifesta beaucoup de goût pour l'étude. Au lycée de Nancy d'abord, puis à la Faculté des sciences de Strasbourg, la chimie l'attira avec force et ne cessa de l'occuper pendant toute sa vie laborieuse.

Un esprit lucide, développé par un travail persévérant, acquit au jeune chimiste une autorité considérable à un âge où la plupart des gens en sont encore à chercher leur voie. Entré au laboratoire de Vauquelin, Frédéric Kuhlmann avait déjà fixé l'attention de l'industrie par ses recherches scientifiques sur les matières colorantes. La municipalité de la ville de Lille, qui n'avait pas encore sa Faculté des sciences, ouvrit en 1823 des cours libres de mathématiques et de chimie industrielle.

Sur les instances de Delezenne, chargé des leçons de physique, Kuhlmann, âgé de vingt ans à peine, se décida à enseigner la chimie appliquée aux arts dans l'école libre des sciences de la vieille cité flamande. Trente années durant, il y professa avec cette clarté et cette justesse d'expression qui sont restées ses qualités maîtresses. Parmi ses élèves, nous voyons figurer Pelonze et Corenwinder, devenus ses collègues à l'Institut de France. L'école des sciences de Lille brilla d'un vif éclat sous l'impulsion de ses illustres promoteurs. Si son premier professeur de chimie la quitta, encore dans toute la force de l'âge, ce fut pour se livrer tout entier à la puissante industrie qu'il avait créée de toutes pièces.

Des relations intimes établies avec les principaux chefs d'industrie de Lille mirent Kuhlmann en état de se mettre au courant des applications pratiques de la chimie manufacturière. Les frères Descat, les teinturiers les plus en renom de l'époque, lui fournirent les capitaux nécessaires pour fonder une fabrique de produits chimiques. Cette fabrique, construite à Loos, dans la banlieue de Lille, prospéra rapidement. Elle devint la maison-mère de grands établissements plus considérables à la Madeleine, à Saint-André, à Amiens, Villefranque, près Bayonne, à Corbehem dans le Pas-de-Calais. Tout en s'occupant de la direction de ses fabriques, Kuhlmann s'intéressait à toutes les questions économiques touchant la région du nord. Le développement des chemins de fer, la construction des canaux, l'application de l'impôt des portes et fenêtres aux usines, la législation des brevets d'invention, la répression des fraudes dans le commerce des engrais, les améliorations agricoles lui ont fourni la matière de plusieurs mémoires importants. L'industrie du sucre de betterave a trouvé en lui un vigoureux défenseur et lui doit son maintien en France. Administrateur distingué et négociant habile, autant que savant de mérite, il devint président de la Chambre de commerce et de la Société industrielle de Lille, qui lui doivent de généreuses dotations. En 1869, il fut appelé au sein du Conseil supérieur du commerce pour l'empire français. A toutes les expositions nationales et internationales des produits de l'industrie, on le voit figurer dans la composition des jurys. Le conseil général du département du Nord, le conseil central de salubrité, le conseil d'administration de la compagnie des chemins de fer du Nord, une quantité d'autres corporations d'utilité publique se sont fait un honneur de le compter au nombre de leurs membres, en tirant profit de ses avis et de son concours.

Au milieu de ces occupations multiples la science pure et les recherches scientifiques n'étaient pas oubliées. Bien au contraire les soucis de son industrie furent pour Kuhlmann un stimulant pour continuer ses études, persuadé qu'il était que le travail industriel pour se développer et pour progresser a besoin de nouvelles découvertes de la science. Le recueil des *Comptes-rendus de l'Académie des sciences de l'Institut de France*, les *Bulletins de la Société des sciences de Lille*, de la *Société d'encouragement*, et de la *Société nationale d'agriculture*, renferment un grand nombre de mémoires où il expose les résultats de ses recherches. Frédéric Kuhlmann offrit à ses amis un recueil de ses principaux mémoires publié en 1877, à Paris, chez Victor Masson, sous le simple titre de *Recherches scientifiques et publications diverses*. Signalons seulement parmi ses travaux quatre mémoires sur le blanchiment et l'influence de ses agents divers, les recherches sur les applications de la garance et la fixation des couleurs, ses expériences devenues classiques sur la nitrification, sur l'action de l'éponge de platine, sur la théorie des alcools et des éthers. Sans s'assurer le bénéfice exclusif d'un brevet d'invention, il a généreusement doté l'industrie sucrière de la découverte de son procédé de saturation, base de tous les perfectionnements que cette industrie a reçus depuis lors. Aux hygiénistes, il a fourni des documents précieux sur l'emploi de certains sels dans la fabrication du pain, sur l'assainissement des manufactures de produits chimiques, sur le noir animal, l'éclairage et le chauffage au gaz. Les ingénieurs et l'art des constructions lui sont redevables d'une théorie de la consolidation des ciments et des mortiers, tandis qu'il a fourni aux géologues des expériences précises sur la formation des espèces minérales, des roches et des cristaux. Chaque année, le lundi de la Pentecôte, le grand industriel aimait à célébrer à Loos l'anniversaire de l'ouverture de sa première usine. Tandis que ses employés et ses ouvriers donnaient une fête champêtre, dont le patron faisait largement les frais et à laquelle venaient s'associer, bannières déployées, les ouvriers des autres établissements, Kuhlmann réunissait aussi autour de lui, dans les mêmes circonstances, les maîtres de la chimie, ses amis Dumas, Liebig, Hofmann, Pelouze, Regnault, Chevreul, Wurtz, tous assidus à ces rendez-vous intimes devenus aussi de véritables fêtes de la science.

CHARLES GRAD
de l'Institut de France
député de l'Alsace au Reichstag allemand.

SOURCES. — Girardin, *Notice biographique sur M. Kuhlmann, de Lille*, et G. Dubar, *Frédéric Kuhlmann*. Lille 1881.

Général Balthazar de SCHAUENBURG

Balthazard de Schauenburg
1748-1831

COMMANDANT en chef des armées de la République française, est inscrit sur les registres de l'état civil de Heillimer, en Lorraine, avec les prénoms de Alexis-Balthazard-Henri-Antoine. Né le 31 juillet 1748, il eut pour père le baron Balthazard de Schauenburg, capitaine au régiment de Nassau et marié à Charlotte, baronne de Heillimer. Sa famille paternelle appartenait à l'Alsace, mais lui-même naquit dans la maison de sa mère sur territoire lorrain. En 1761, on le plaça à l'école des cadets du roi de Pologne à Lunéville, pour le faire entrer le 1ᵉʳ mars 1764 au régiment d'Alsace, au service de France, avec le brevet de sous-lieutenant. Malgré son jeune âge, il se distingua dans les campagnes de Corse, sous Marbeuf, de 1770 à 1772. Des services signalés lui valurent dès 1777 le grade de capitaine et la croix de Saint-Louis peu de temps après. Major, puis colonel du régiment de Nassau, il déploya beaucoup de fermeté, lors des désordres qui éclatèrent en 1791 dans les garnisons de Metz, de Sarrelouis et de Thionville.

Au moment de la guerre faite à la République française par les souverains allemands, Balthazard de Schauenburg commanda d'abord les bataillons de grenadiers formés sur les lignes de Wissembourg. Un premier combat, aux environs de Landau, lui valut le grade de maréchal de camp, avec la charge de chef d'état-major général de l'armée commandée par Kellermann. La bataille de Valmy, gagnée sur les Prussiens le 20 septembre 1792, lui donna une nouvelle occasion de se signaler. Puis il prit part à l'expédition de Trèves, sous les ordres de Beurnonville, après quoi il forma, en qualité de lieutenant-général l'infanterie de l'armée de la Moselle au camp de Forbach, s'occupant surtout des volontaires. Grâce à son énergie, l'instruction des volontaires marcha vite, malgré des difficultés sans nombre. La retraite de l'armée de la Moselle, qui avait essayé de débloquer Mayence, sans y réussir, eut pour résultat de faire appeler le général de Schauenburg au commandement en chef intérimaire de ce corps de troupes, aux prises avec des ennemis supérieurs en nombre. Un échec de l'armée de la Moselle à Pirmasens fit suspendre ses chefs de leurs fonctions. Le principal motif de cette mesure doit être cherché dans la persécution contre la noblesse. L'acte de suspension atteignit également le général de Schauenburg. Les représentants du peuple attestèrent qu'il n'avait aucune responsabilité dans l'affaire de Pirmasens, mais que sa suspension était « la conséquence d'une mesure générale et de bonne politique. »

Retiré à Toul après cet incident, Balthazard de Schauenburg fut arrêté quelques jours plus tard et enfermé dans les prisons de l'Abbaye à Paris. Il y resta du 13 octobre 1793 jusqu'au 20 thermidor de l'an II. Le 20 ventose suivant, le ministre de la guerre le réintégra dans le grade de général de division. Trois années durant, il fit successivement campagne avec Pichegru, Moreau et Augereau, chargé de l'organisation de l'infanterie. La retraite de Jourdan ayant enhardi les Autrichiens, ceux-ci prirent position à Kehl pour se jeter sur Strasbourg. En ce moment le général de Schauenburg se trouvait justement dans cette ville en qualité d'inspecteur de l'infanterie. Instruit des mouvements des Autrichiens, il se mit à la tête des troupes présentes sous sa main, entraîna la garde nationale, traversa le Rhin sur un pont de bateau et chassa les ennemis par un coup d'audace, après un combat acharné. En 1798, nous le retrouvons en Suisse, avec un corps de l'armée du Rhin, aux prises avec les troupes mobilisées des cantons de Berne, de Fribourg et de Soleure. Soleure se rendit à ses sommations le 13 ventose, Berne peu après. Cette ville lui conféra le droit de bourgeoisie, à la suite de la pacification des autres cantons qui avaient pris les armes contre les Français. Le Directoire le nomma commandant en chef de toutes les forces françaises alors présentes sur le territoire helvétique.

Dans ses opérations autour de Soleure, le général de Schauenburg manquait de chevaux pour conduire ses canons sur une éminence où ils devaient prendre position. Faute d'autres moyens, il requit des paysans avec ordre de transporter les pièces au point indiqué. Les paysans refusèrent d'abord; mais le commandant des troupes françaises fit fusiller quelques-uns des récalcitrants. Une heure après les canons se trouvèrent en place. Rien ne lui coûtait trop, quand l'intérêt de la patrie était en question et il se trouvait toujours prêt aux derniers sacrifices. Un autre jour Bonaparte, étant premier consul, invita le général de Schauenburg à enlever le duc d'Enghien à Ettenheim. Patriote ardent et soldat sans peur, le général ne crut pas pouvoir se prêter à un acte de cette nature. Sa conscience d'honnête homme ne lui permettait pas de remplir une mission honteuse. Le premier consul, devenu empereur, n'oublia pas ce refus et Balthazard de Schauenburg en subit l'effet par l'omission de son nom sur la liste des maréchaux de France.

Pourtant ses talents militaires étaient fort estimés par ses pairs. Comme qualité maîtresse, on lui reconnaissait une extrême facilité pour faire manœuvrer de grandes masses de troupes. L'an VIII, il a publié à Strasbourg un traité de tactique sous le titre de : *Instructions concernant les manœuvres de l'infanterie*, alors qu'il était inspecteur général de l'infanterie. A la date du 9 floréal an XIII, le ministre de la guerre l'appela à présider la commission chargée d'arrêter les règlements pour les exercices et les manœuvres de l'infanterie. « Sa Majesté, écrivit le ministre, a, par un décret du 1er germinal, ordonné la confection d'un code militaire qui doit remplacer toutes les lois actuellement existantes sur l'armée de terre. Cet important travail a été confié à M. Daru, membre du tribunat; mais j'ai pensé que la rédaction de la partie du code relative aux exercices et manœuvres des troupes de diverses armes devait être confiée à des commissions spéciales composées de militaires expérimentés et j'ai cru ne mieux pouvoir remplir cet objet qu'en faisant choix de vous pour présider la commission qui sera chargée du projet de l'ordonnance sur les exercices et les manœuvres de l'infanterie de ligne et légère. » A ce propos, on sait que le général Maximilien de Schauenburg, fils du président de la commission de l'infanterie, a publié de son côté, à Paris en 1838, un autre traité intitulé : *De l'emploi de la cavalerie à la guerre.*

Baron de l'empire, grand-officier de la Légion d'honneur et commandeur de Saint-Louis, Balthazard de Schauenburg fut admis à la retraite le 1er mars 1815, après avoir commandé en dernier lieu le dépôt général de la grande armée à Tours. Il est mort à Geudertheim, Alsace, le 1er septembre 1831, laissant deux fils, qui ont su maintenir l'honneur de son nom et dont nous avons raconté la vie dans ce recueil. CHARLES GRAD.

ZUBER, Henri

ZUBER, Henri

Après avoir dignement servi sa patrie dans la marine, ce vaillant fils de l'Alsace honore aujourd'hui la France par l'élévation de son talent. Né à Rixheim, le 24 juin 1844, il fit ses études successivement à Leurburg en Suisse, au Gymnase de Strasbourg, puis à Paris. En 1861, il entra à l'école navale, pour en sortir en 1863, avec le grade d'aspirant de 2ᵉ classe. Il fut embarqué d'abord sur le *Montebello* à Toulon, puis sur la frégate la *Thémis* qui fut chargée d'escorter au Mexique la *Novara*, frégate autrichienne qui portait l'empereur Maximilien. Au printemps de l'année 1865, il passa de la *Thémis* sur le *Primauguet* qui devait faire partie de l'escadre des mers de Chine. Il prit part à une expédition contre la Corée, qui lui valut le grade d'enseigne de vaisseau. Rentré en France en 1868, Henri Zuber céda à son goût pour la peinture et donna sa démission, malgré le brillant avenir qui s'ouvrait devant lui dans la marine.

Il entra alors dans l'atelier de Gleyre et y resta jusqu'au moment de la guerre. Il fit la campagne de 1870-71 avec son ancien grade, dans le corps des marins qui concourut à la défense de Paris. Rentré dans la vie civile, après les désastres de l'armée française, il prit part depuis 1873 à presque tous les Salons. Depuis lors l'histoire de l'artiste se résume en celle de ses œuvres. Il obtint en 1875 une médaille de 3ᵉ classe et en 1878 une médaille de 2ᵉ classe, qui le mit hors concours. Enfin, en 1886, il fut nommé chevalier de la Légion d'honneur.

Les dons naturels de M. Zuber, son savoir, ses efforts, le placent au premier rang des paysagistes contemporains. Nul ne se satisfait moins que lui; consciencieux comme personne, persévérant au possible, toujours difficile envers lui-même, il est de ceux qui atteignent à la perfection précisément parce qu'ils ne croient jamais avoir assez fait pour y parvenir. Travailleur infatigable, il anéantit sans hésitation l'œuvre qu'auront louée le plus ses amis, s'il ne la trouve pas, lui, digne de ces éloges; il la recommence, il la reprend maintes fois jusqu'à ce qu'elle lui paraisse approcher à peu près de son idéal, et cet à peu près se trouve être un chef-d'œuvre.

Nous citerons, parmi ceux de ses tableaux qui ont été le plus remarqués, le *Bain des Nymphes* (1873); l'*Etang de Ferrette* (1875); le *Troupeau d'oies* (1877). « Ce tableau, écrivait Jules Claretie, avec sa flaque d'eau, son massif d'arbres, sa ligne du ciel un peu orageux, est une œuvre remarquable, aussi remarquable que les *Bords de l'Ill*, du même auteur. Le talent de H. Zuber va grandissant. » En 1878, l'artiste exposa *Dante et Virgile*, *Soir d'Automne*; en 1880, le *Flon à Massignieu* et une *Halte de moutons au bord de la mer*. Le dessin simple et grand de ce dernier ouvrage a beaucoup de vérité et d'élégance; la facture, très large, est d'une souplesse remarquable et d'une qualité tout à fait exceptionnelle. Mais ce qui fait le principal mérite du tableau, c'est le sentiment poétique élevé dont il est empreint. Il y a là plus que des qualités techniques et matérielles : l'âme de l'artiste a une très large part dans un résultat que l'intelligence et le savoir du peintre n'eussent pas suffi à obtenir. L'année suivante M. Zuber peignait un triptyque décoratif, représentant le *Matin*, le *Jour* et le *Soir*. La critique fut unanime dans son admiration devant ce panneau. « Ceci est absolument hors pair, disait l'*Evènement*. Allez dans n'importe quel musée et cherchez bien : si vous trouvez mieux, quel que soit le peintre et l'école, vous aurez droit de vous enthousiasmer sans restriction. Dans un genre de peinture où la matité des tons semble défendre l'éclat de la couleur, M. Zuber s'est affirmé comme un fin et brillant coloriste. » *Les premiers sillons* et le *Troupeau de Vieux-Ferrette*, qui vinrent en 1883, n'eurent pas moins de succès. On ne se montre pas plus délicat dans la recherche des tons les plus fins et dans l'étude des valeurs et de l'harmonie des couleurs, de l'air ambiant, de la perspective, des ciels argentins et transparents, des vastes horizons ; d'intéressantes figures et des animaux donnent de la vie et ajoutent à la poésie qui enveloppe ces lumineux paysages. *Mauvais temps* (1884), le *Hollands diep* et *Septembre au pâturage* (1885) sont des œuvres dont la valeur ne peut être contestée et qui dureront pour l'honneur même de l'art à notre date. *Sentier perdu* (1886) est une page superbe et d'une vérité parfaite. Il est difficile de mieux distribuer les masses de lumières et d'ombres, et de peindre plus largement en conservant une délicatesse aussi chatoyante dans les touches du pinceau. *Après la moisson*, qui date de la même année, est également un paysage plein de grandeur et de poésie. C'est bien là la lumière intense des jours d'été. *Avril*, *Bords du Loing*, le *Vieux Chêne*, qui furent exposés en 1887, offrent encore de superbes témoignages d'un talent toujours armé devant les difficultés qui, d'une saison à l'autre, se renouvellent capricieusement aux yeux du peintre observateur qui les guette, les combat et veut les vaincre.

M. Zuber ne se contente pas d'être un grand peintre, il s'est encore placé au premier rang des aquarellistes actuels. Les œuvres qu'il a composées de ce chef témoignent d'une incontestable supériorité et de la prodigieuse souplesse de son talent.

KIENER, Jean

KIENER, Jean

MANUFACTURIER et agronome au château de la Forge, près Walbach, dans la Haute-Alsace, est né à Gunsbach, vallée de Munster, le 23 février 1838. Il gère en commun avec son frère Alphonse, également né à Gunsbach le 30 décembre 1840, les affaires de la maison industrielle créée par son père, mort le 18 mars 1875, à l'âge de 83 ans, et qui était natif de Hunawihr. La maison, inscrite au registre du commerce sous la raison sociale Jean Kiener fils, est une des plus importantes du pays. Elle comprend un ensemble d'établissements situés à Gunsbach, à Walbach, à Turckheim, à Metzeral, à Kaysersberg et au Ménil, en France, exploitant diverses industries telles que la filature et le tissage du coton, la confection de lingerie, la minoterie, la fabrication d'outils agricoles et d'ouvrages en bois. Dans la gestion des affaires de la maison, M. Alphonse Kiener s'occupe particulièrement de l'achat des matières premières mises en œuvre et des opérations financières, tandis que son aîné s'intéresse surtout à la direction technique. Suivant l'exemple paternel, chacun dans la sphère de ses aptitudes spéciales, les deux frères ont réussi à faire prospérer leurs entreprises et continuent à donner une extension de plus en plus grande à leurs établissements.

Après avoir terminé ses études classiques, M. Jean Kiener, tout en s'initiant sous l'impulsion de son père à l'industrie et au commerce, s'attacha avec ardeur à la pratique de l'agriculture sur une base scientifique. Jouissant d'une fortune considérable, il n'a pas craint d'employer une bonne partie de ses ressources à des expériences d'agronomie portant à la fois sur la culture des terres et sur l'élève du bétail. En ce qui concerne la culture, il a fait des essais étendus et répétés sur l'emploi des engrais chimiques, à une époque où les cultivateurs alsaciens n'employaient guère que le fumier de ferme. Quant à ses expériences de zootechnie, elles portent notamment sur la sélection, le croisement et les effets de la consanguinité chez les animaux domestiques, sur la valeur nutritive des aliments donnés à ces animaux, sur la production et le dressage du cheval demi-sang, sur l'application de l'incubation artificielle à l'élevage des volailles. Sa ferme à côté du château de la Forge, et surtout ses étables, présentent des installations qui peuvent servir de modèles. Membre de la Société d'acclimatation de Paris et de la Société des agriculteurs de France, il a pris une part active aux études spéciales de ces deux corporations. Le *Journal de l'agriculture* de Barral a publié bon nombre d'articles sur les résultats de ses recherches, tandis que le recueil de la *France chevaline* et la *Revue des haras* ont fait connaître ses observations sur le caractère du cheval et sur la ferrure. Ces études attestent un observateur sagace et un habile expérimentateur. Dans la vallée de Munster, où la race du bétail indigène laisse encore beaucoup à désirer, faute d'une sélection bien dirigée, M. Kiener a introduit de bons reproducteurs, en même temps qu'il a créé un troupeau de la race Durham, dont les meilleurs éleveurs anglais pourraient être fiers.

Au Conseil général du Haut-Rhin, où il représente, depuis l'annexion de l'Alsace à l'Allemagne, le canton de Munster, comme à la Délégation d'Alsace-Lorraine, dont il a fait partie également, M. Jean Kiener s'est appliqué tout particulièrement à défendre les intérêts de l'agriculture, tandis qu'à la Chambre de commerce de Colmar il a fait un important rapport sur les importations temporaires des tissus étrangers. Aucun sacrifice ne lui coûte trop ni ne le fait reculer, quand une amélioration rémunératrice est en question. Après avoir appuyé de tout son pouvoir la création des réservoirs d'eau dans les montagnes pour la régularisation du régime des torrents, il s'est chargé à ses frais, avec le concours de son frère, de la correction du cours de la Fecht dans la vallée de Munster. Ce grand travail mérite, à juste titre, de fixer l'attention des ingénieurs.

Les torrents descendus des Vosges, on le sait, subissent des variations de débit énormes. Tout particulièrement la Fecht se gonfle dans l'espace d'une soirée, de manière à rouler un volume d'eau de cent mètres cubes par seconde, après avoir été un ruisseau paisible quelques heures auparavant. Quel mal font ces afflux rapides et violents, les populations riveraines ne le savent que trop. Plus d'une fois, le torrent dévastateur a menacé d'emporter les villages et les bourgs construits sur son passage. Bien souvent, on voit les eaux débordées changer de cours et se creuser un lit nouveau à travers les prairies riveraines. Pour mettre un terme aux déprédations de la Fecht, il faut régler l'écoulement de ses eaux à travers un lit fixe et continu, en même temps qu'une partie de ces eaux est retenue dans les réservoirs au haut des vallées. Dans le système de défense admis par M. Kiener, entre Walbach et Gunsbach, sur une longueur de plusieurs kilomètres, le lit artificiel donné au cours d'eau a été ouvert au moyen d'une percée large de 27 mètres sur un mètre de profondeur. Les rives ont reçu des talus de 4 mètres, à inclinaison douce, avec un revêtement de pierres. Comme la pente du fond dépasse un centimètre par mètre, on l'a réduite à 5 ou 6 millimètres au moyen de seuils en bois, qui entravent l'affouillement des rives. Deux forts barrages assurent l'alimentation des canaux usiniers et des canaux d'irrigation ménagés sur les rives pour donner la force motrice aux fabriques et l'eau nécessaire aux prairies. La maison Hartmann a continué ces ouvrages sur une certaine étendue en amont du domaine Kiener.

Tout à la fois agronome de mérite et grand manufacturier, M. Jean Kiener a affirmé d'un autre côté l'obligation pour un chef de maison intelligent et généreux d'améliorer la condition de ses ouvriers dans la mesure possible. Dans une fête de famille donnée au château de la Forge, le 17 mai 1885, deux ans après avoir introduit dans son établissement l'industrie, nouvelle pour lui, des tissus façonnés, il disait au personnel de la maison convié à cette fête : « Nous pouvons tenir comme une consolation suprême et en avoir un légitime orgueil, d'avoir, par une organisation aussi simple qu'efficace dans les résultats, rendu la nourriture, le logement et le vêtement de l'ouvrier meilleurs et moins chers, sans grands sacrifices pour les finances de la maison et au grand avantage de celle-ci ». C'est un fait positif que les patrons trouvent profit à améliorer les conditions d'existence de leurs ouvriers. M. Alphonse Kiener, qui a épousé une fille de M. Noblot, d'Héricourt, sénateur de la Haute-Saône, a secondé son frère dans ses œuvres humanitaires. Une salle d'asile entretenue aux frais de la maison, à côté de sa cité ouvrière, complète, avec un magasin de comestibles et d'épicerie où les objets de consommation sont livrés au prix de revient, les institutions de secours ordinaires organisées en faveur des ouvriers.

ANT. MEYER, PHOTOG COLMAR · DÉPOSÉ

Mgr. KOBÈS

Mgr. Aloyse KOBÈS
1820-1872

Évêque missionnaire, vicaire apostolique de la Sénégambie, né le 17 avril 1820, à Fessenheim (Bas-Rhin), était fils de chrétiens fervents. Après de fortes études, aux séminaires diocésains, il fut ordonné prêtre à Strasbourg le 21 décembre 1844. D'abord placé comme vicaire à Soultz, mais se sentant appelé aux travaux de l'apostolat, il se rendit, le 19 juillet 1846, au noviciat des missionnaires du Saint-Cœur de Marie, à la Neuville-les-Amiens, où, peu auparavant, un autre enfant de l'Alsace, le vénérable Libermann, avait jeté les fondements de sa Congrégation, destinée à l'évangélisation de la race noire.

Le 25 mars 1847, il fit sa consécration solennelle et fut incorporé à l'Institut naissant. Il y enseignait la théologie, lorsque sur la présentation du fondateur, il fut promu par le Saint-Siège (22 septembre 1848), coadjuteur du vicaire apostolique des Deux-Guinées et de la Sénégambie, avec le titre d'évêque de Modon. Le 23 novembre 1848 il recevait, des mains de Mgr Ræss, la consécration épiscopale dans la cathédrale de Strasbourg. Mgr Kobès n'avait pas encore 29 ans; c'était l'évêque le plus jeune de la chrétienté; mais en lui, la gravité et la solidité des vertus suppléaient à l'âge. Jusqu'en 1863 il administra la Mission de Sénégambie, d'entente avec Mgr Bessieux, qui en était le vicaire apostolique en même temps que des Deux-Guinées. Mais, à cette époque, la Sénégambie ayant été érigée elle-même en vicariat distinct, il en devint le premier vicaire apostolique.

Pendant une administration, commencée en 1849 et terminée seulement en 1872, Mgr Kobès travailla avec un zèle actif et infatigable au développement de la Mission de l'Afrique occidentale.

Ne pouvant raconter en détail tout ce que le zèle du jeune évêque missionnaire lui fit entreprendre pour régénérer la Sénégambie, signalons du moins quelques créations particulières dues à sa courageuse initiative : L'établissement de Dakar, sur la pointe du Cap-Vert, qui n'existait que depuis 4 ou 5 ans, devint, par ses soins, un centre d'œuvres de première importance. Il y fonda un collège, pour l'enseignement du français, et aussi du latin, en vue de l'établissement d'un clergé indigène. Il y créa aussi des ateliers, pour la formation des noirs aux divers métiers usuels, avec un jardin destiné à inspirer aux enfants l'amour de la culture des plantes potagères et des arbres fruitiers. Enfin, il installa une imprimerie, la première établie dans ces contrées, pour l'impression des divers ouvrages français, wolofs et sérères, et qui rendit longtemps des services au gouvernement français du Sénégal. A côté de ces œuvres en faveur des jeunes noirs, Mgr Kobès ouvrit une maison d'éducation pour les jeunes filles, dont il confia la direction aux sœurs de l'Immaculée Conception de Castres, qui depuis plusieurs années déjà, se dévouaient sur ces côtes, ainsi qu'à Sainte-Marie du Gabon. Quatre années plus tard, le 24 mai 1858, il jeta de même les fondements d'une congrégation de Sœurs indigènes, dites les Filles du Saint-Cœur de Marie, destinées à soigner les pauvres malades, à instruire les enfants dès le plus bas âge ; comme aussi à préparer les adultes au baptême et à la première communion. Pour cette importante fondation, il sut utiliser le dévouement sans bornes de la sœur Rosalie, de la congrégation des sœurs de Saint-Joseph de Cluny, établie au Sénégal français depuis 1818, par l'intrépide Mère Javouhey. St.-Joseph de Ugazobil est une autre fondation entièrement due au zèle du pieux prélat. Il l'inaugura le 23 janvier 1863. Son but était d'abord d'y transporter les différentes œuvres d'enfants et d'aspirants au sacerdoce. Il se proposait, avec le concours d'un industriel alsacien, M. Herzog, du Logelbach, de créer là de grandes cultures de coton, dont le besoin se faisait vivement sentir depuis la guerre d'Amérique, ce qui devait en même temps inspirer aux populations voisines le goût de la culture, et lui procurer un moyen plus facile de les évangéliser.

La culture du coton fut entreprise, sur une vaste échelle. « Une circonstance toute providentielle, écrivit Mgr Kobès, nous a procuré des bras auxquels j'étais loin de m'attendre. Par suite des guerres de l'année dernière, la famine a forcé les gens du Saloum à chercher ailleurs leur subsistance. Des centaines sont venus successivement travailler cher nous au mois, pour gagner quelques provisions. Plusieurs familles, hommes, femmes et enfants, se sont décidées à se grouper autour de notre établissement... Un village assez considérable s'est installé aujourd'hui... Tous les jours il se présente de nouveaux émigrés. » Cette entreprise, après avoir donné les plus légitimes espérances, dut succomber, peu de temps après, sous une formidable invasion, trois fois répétée, de sauterelles; mais le but principal de Mgr Kobès n'en resta pas moins atteint. Car, autour de St.-Joseph, se formèrent et subsistent encore quelques villages chrétiens. « Si l'entreprise réussit, disait-il, avant de la commencer, de toutes parts on me comblera de louanges; si elle ne réussit pas, le blâme ne me sera pas non plus épargné. Je sais tout cela; mais du moins j'aurai obéi à ma conscience, car je ne puis résister à un ensemble de circonstances providentielles qui me pressent, et j'ai d'ailleurs confiance que quelque doive être l'avenir de cette œuvre, elle contribuera puissamment à la conversion de ces pays. »

Mgr Kobès fit aussi de l'étude des langues du pays, et surtout du Wolof, l'une de ses premières occupations. Le Wolof lui devint bientôt familier. Il composa en cette langue et fit imprimer par les presses de la Mission, de 1852 à 1871, un grand nombre d'ouvrages pour l'instruction des indigènes. Il fit paraître, en 1855, le dictionnaire français-wolof, dû à ses études autant qu'à celles de ses confrères, puis un abrégé de la grammaire wolofe. C'était comme un essai en ce genre, car, peu après, il donna la grande grammaire wolofe, ouvrage savant, où sont clairement et sûrement exposées les règles qui régissent ce dialecte, aussi beau qu'il est simple. Après sa mort, en 1875, parut le dictionnaire wolof-français ; si ce n'était pas uniquement son œuvre, c'était du moins le fruit de ses patients travaux joints à ceux de ses missionnaires.

Après une vie toute à l'établissement du règne de Jésus-Christ sur cette terre africaine, objet aujourd'hui de tous les regards de l'Europe, l'intrépide missionnaire mourut à Dakar, le 28 octobre 1872, par suite d'un accès de fièvre et d'épuisement total de ses forces ; il était âgé de 52 ans.

Abbé Simonis,
député au Reichstag.

LEBLOIS, Louis

LEBLOIS, Georges-Louis

Pasteur et écrivain religieux, est né à Strasbourg, le 21 juin 1825. Après avoir fait ses études littéraires au gymnase protestant de cette ville, il suivit les cours de sciences au lycée, puis passa une année, en qualité de maître d'études, au collège de Colmar.

Le jeune Leblois poursuivit avec ardeur l'étude des sciences mathématiques, dans l'intention de se présenter à l'Ecole polytechnique; mais déjà son esprit logique et sa nature profondément religieuse avaient été frappés du désaccord qui régnait entre la science et la religion, et, jaloux de contribuer à leur réconciliation, il résolut de se vouer à la théologie. Dans ce but, il retourna à Strasbourg. Dès cette époque, il manifestait des idées et des tendances religieuses très larges. En 1848, il fonda avec quelques amis, sous le nom de « Société du Progrès religieux », une alliance religieuse universelle, où entrèrent non-seulement des membres des divers partis protestants, mais encore des catholiques et des israélites. Si l'idée était prématurée, elle ne resta pas stérile. Il en sortit, d'une part « l'Alliance chrétienne universelle », de l'autre, « l'Alliance israélite universelle ».

On raconte que, le lendemain du jour où M. Leblois prêcha pour la première fois à Strasbourg (1849), un de ses amis, M. Hartmann, qui était venu de Sainte-Marie-aux-Mines pour l'entendre, se noya en se baignant dans l'Ill. Cette mort tragique fit sur le jeune théologien une impression profonde. Le néant de la vie terrestre lui apparut dans sa brutale réalité, et il fut pénétré du même coup de la valeur impérissable des choses éternelles. Sa décision fut immédiatement prise et, sur la tombe ouverte de son ami, il dit, en serrant la main du vieux père Hartmann, brisé de douleur : « Si quelque chose peut apporter la consolation à votre âme, c'est que la mort de votre fils ne sera pas inutile au bien de l'humanité ».

Nommé pasteur à Wesserling en 1850, M. Leblois fut trois ans plus tard rappelé dans sa ville natale en qualité de pasteur au Temple-Neuf. Il sut défendre avec succès sa position contre des hostilités qui, sous prétexte de religion, ne pouvaient lui pardonner d'avoir été choisi à 27 ans pour un poste si important, ni de consacrer son talent à prêcher d'après sa conscience. En 1854, il prononça un discours dont la hardiesse surprit le public, et dans lequel il se déclara contre la divinité du Christ dans le même sens que l'avaient fait en Amérique Channing et Parker. A partir de cette heure, il eut à subir toutes les peines et toutes les amertumes qu'entraînent les luttes religieuses. Ses adversaires ne négligèrent aucun moyen de faire le vide autour de lui, et on alla jusqu'à défendre aux étudiants en théologie d'aller l'entendre ou de le fréquenter. Ces persécutions inspirèrent à quelques amis courageux l'idée de lui prouver leur attachement. Un corps de disciples dévoués, appartenant à tous les cultes, se forma, et remplit son église. Ses sermons furent imprimés et répandus ; enfin, après quinze années de combat, le ministre et ses doctrines obtinrent la victoire aux élections consistoriales.

Ce qui fait la force de M. Leblois, c'est d'une part la clarté et la rare loyauté de sa parole, de l'autre, sa grande érudition. Il refuse de conserver la tradition du passé comme fondement de la foi, enseigne que la religion doit progresser avec l'humanité et lui donne pour base la vérité scientifique. Dès son discours d'installation, il avait proclamé la nécessité d'unir harmonieusement la religion et la science de l'Univers, en démontrant qu'elles sont, non des ennemies, mais des sœurs éternelles. Rejetant la croyance que le Mosaïsme et le Christianisme constituent une révélation spéciale, surnaturelle, l'intrépide pasteur tourna son attention vers toutes les grandes formes de religion qui existent en dehors du Christianisme.

Durant plus de trente ans, M. Leblois, avec une persévérance et une tenacité à toute épreuve, et tout en accomplissant avec zèle ses fonctions pastorales, étudia les différentes religions, à la langue desquelles il s'initia avec l'aide des professeurs spéciaux. On comprendra facilement, d'après ce que nous venons de dire, quel est l'esprit dominant de ses écrits, dont le nombre est considérable, et quelles en sont les conclusions. Ses publications peuvent se classer en deux catégories, les brochures et les ouvrages de grande étendue. M. Leblois publie chaque année, depuis près de trente-huit ans, une ou plusieurs brochures qui traitent des questions morales et religieuses les plus diverses. Nous nous contenterons de signaler les suivantes : *De l'inspiration des premiers Chrétiens; De l'harmonie entre la connaissance de Dieu et la vie du Chrétien; Idées sur l'éducation; Du vrai sens des mots Chrétien, Christianisme; De la Communion; Le Christ imaginaire et le Christ réel; Comment une Eglise tombe et se relève; La Mission de la femme et son rôle dans l'éducation religieuse de l'enfance; Mort et Immortalité; Du rôle de la douleur; Où en sommes-nous; La Religion en face de la Mort; Du vrai et du faux bonheur; La Tâche du Protestantisme; Luther avant et après la Réforme; Les doutes de Jean-Baptiste; Elargissez les cadres; Les Talents confiés; La nouvelle naissance; La Religion et le Pauvre; Jésus de Nazareth, sa religion et sa personne; Paroles de Jésus, extraites des trois premiers Evangiles, et précédées d'un Essai sur le Christianisme; Prières pour les différents âges;* etc., etc.

Mais la publication capitale de M. Leblois, publication qui lui assure une place distinguée parmi les écrivains modernes de l'Alsace, est celle qu'il a intitulée: *Les Bibles et les Initiateurs religieux de l'Humanité*. De 1883 à 1887, il en a paru six volumes embrassant dans leur vaste plan l'histoire de l'Eglise chrétienne et celle de la science de l'Univers dans l'Eglise; les découvertes scientifiques depuis Christophe Colomb et Copernic; la découverte des Bibles en dehors du Christianisme, leur contenu, leur origine et les vicissitudes qu'elles ont traversées; enfin le Koran et la Bible hébraïque. C'est une œuvre colossale et d'un grand intérêt, illustrée de dessins, de planches hors texte et de cartes géographiques. Elle a dû nécessiter un labeur prodigieux et de fatigantes recherches, et elle fait honneur au savant qui l'a composée ainsi qu'à la cause qu'il sert avec tant de talent et de dévouement.

A. INGOLD.

ANT. MEYER, PHOTOG. COLMAR   DÉPOSÉ

RENCKER, Edouard

RENCKER
MARIE-ANTOINE-EDOUARD

EST né à Colmar, le 24 décembre 1827, dans la maison qui avait vu naître le poète Pfeffel. Son père était le fils du dernier procureur fiscal de la régence seigneuriale de Ribauvillé; par sa mère, il appartenait à l'une de nos anciennes familles parlementaires les plus considérées. A l'honorabilité de l'extraction, M. Rencker joignait les dons les plus heureux de l'esprit. Au collège, ses études furent brillantes. Il fit son droit à Strasbourg, passa sa licence, le 23 août 1849, et, alors que toutes les carrières s'ouvraient devant lui, il n'ambitionna que d'être notaire, à l'exemple de son père et de son aïeul. Malheureusement l'état de santé de son père l'avait obligé à se démettre de ses fonctions, avant que le fils eut l'âge requis pour lui succéder. Déjà avant sa mort, il avait fallu, le 13 janvier 1851, confier l'étude à un intérimaire.

En 1853, M. Rencker la reprit à son compte, et l'ancien collaborateur qui l'avait gérée dans l'intervalle, rentra dans les rangs. En peu d'années, le fils s'acquit personnellement toute la confiance que les clients avaient autrefois accordée au père. A la plus exacte droiture, il joignait une large intelligence des affaires, une activité qui ne se démentait jamais et l'urbanité native de l'homme bien né. Dans les circonstances les plus délicates, on s'en rapportait à son équité. Il devint le conseiller toujours écouté et l'arbitre des familles.

Quand, au commencement du second Empire, on comprit à Colmar que l'avenir de la cité obligeait de rompre avec les vieux errements et avec le vieux personnel, M. Rencker entra au conseil municipal. C'était un nouvel apprentissage à faire, s'il voulait faire honneur à son mandat. Il voua aux affaires municipales le même zèle qu'aux intérêts de ses clients, et il devint bientôt l'âme et l'inspirateur de la nouvelle municipalité. Aucun détail du ménage communal ne lui échappait, et il était bien rare que son avis ne prévalût point. Rapporteur habituel du budget, il n'y a pas une seule des grandes mesures administratives qui, dans l'espace de vingt ans, ont transformé le vieux Colmar, que M. Rencker n'ait préparée, étudiée, soutenue et recommandée à ses collègues. Tout le monde s'en rapportait à lui, parce qu'on savait que l'intérêt commun était son seul guide, qu'il faisait abstraction de sa personne et qu'il était étranger à toutes les coteries. Dans les compétitions des partis, il ne voyait que la justice de la cause et l'union au sein de la cité qu'il s'agissait de sauvegarder. Il se réglait sur l'opinion moyenne, et, dans toutes les réformes auxquelles il se ralliait, il n'attendit jamais pour s'arrêter, qu'elle lui refusât son concours. Entré au conseil municipal, le 14 juillet 1855, M. Rencker y fut constamment réélu, et, jusqu'à la fin, il figura au premier rang.

Lorsque la guerre éclata, que tout s'effondra dans ce cataclysme où l'impéritie du gouvernement impérial avait précipité la France, la fermeté et le sang-froid dont M. Rencker fit preuve, furent du meilleur exemple. Le conseil municipal s'établit en permanence à l'hôtel de ville et, soir et matin, le premier inscrit au tableau fut à son poste, pour répondre aux exigences de la situation. Après la capitulation de Paris, il se trouva tout naturellement désigné aux suffrages de ses concitoyens, qui, le 8 février 1871, l'envoyèrent siéger à l'Assemblée nationale à Bordeaux. Quoiqu'il n'y eût plus de grandes illusions à se faire sur le sort qui attendait l'Alsace, M. Rencker ne revint pas moins navré de la façon expéditive dont la France avait sacrifié l'une de ses provinces à sa propre existence, en vertu de l'axiome déjà invoqué, lors de la guerre de Trente ans, que « naturellement la partie doit consentir à son anéantissement pour la conservation de son tout ». Cependant la France n'oublia pas les services que M. Rencker avait rendus avant et pendant la guerre, et, pour l'en récompenser, le gouvernement de M. Thiers le nomma chevalier de la Légion d'honneur.

Des anciennes institutions, la commune seule restait debout, et il semble qu'il eût été possible de la maintenir. Mais le navire était désemparé et l'équipage ne s'entendait plus à le gouverner. En 1876, les élections donnèrent le coup de grâce à l'ancienne municipalité, dont aucun des nouveaux élus ne voulut accepter la succession. Ce fut un délégué de la préfecture qui la remplaça. M. Rencker crut le moment venu de prendre sa retraite. En 1873, il s'était déjà démis de ses fonctions de notaire, pour ne pas prêter serment au nouveau régime; en 1877, il renonça au mandat que les électeurs venaient de lui renouveler.

A partir de ce jour, M. Rencker estima que rien ne l'obligeait plus à rester. Pour rompre les dernières attaches, il se hâta de vendre ses propriétés. En 1880, quand tout fut prêt pour le départ, il prit congé de ses amis et s'établit à Belfort, ce dernier lambeau de territoire alsacien resté français. Son frère aîné, l'ancien président du tribunal de Saverne, partit en même temps que lui pour Dijon, où la mort l'attendait à bref délai.

M. Rencker, en qui, depuis son enfance, notre ville s'incarnait avec sa bonhomie, avec ses qualités et ses travers, avec ses vues et ses horizons particuliers, s'aperçut bientôt que l'on n'emportait pas sa patrie à la semelle de ses souliers. Lui qui, à Colmar, formait comme le centre de toutes les relations, se trouva à Belfort de plus en plus dépaysé. Dans les lieux qui l'avaient vu naître, avec les amis qui lui rappelaient sa jeunesse, il serait resté jeune. A Belfort il vieillit avant l'âge. Cependant il avait cherché à s'occuper. Lui qui, à Colmar, avait évité avec soin de se laisser enrôler sous n'importe quelle bannière, de crainte de compromettre la liberté de son action et sa neutralité, accepta toutes les fonctions où il pouvait se rendre utile et qui apportaient quelque diversion à ses regrets. Il prit place dans la Société d'émulation qu'un autre Colmarien, le regretté M. J. Dietrich, avait fondée pour relever à Belfort le goût des choses de l'esprit. Il devint président de la Société des abris, qui avait pris à cœur de venir en aide aux immigrés établis à Belfort. Il fit partie de la délégation cantonale de l'instruction primaire, de la commission administrative du lycée. Dès qu'on avait pu, on l'avait envoyé siéger au conseil municipal où, comme à Colmar, la commission du budget l'avait pris pour rapporteur. Ce fut même à son expérience que la ville dut de pouvoir remédier au désarroi de ses finances. Grâce à ses occupations, grâce à l'étude de ses classiques latins, qui lui étaient restés familiers, il espérait que le temps finirait par combler le vide qu'il ressentait, par cicatriser la blessure qu'il avait emportée dans son cœur. Pour être plus sûr de guérir, il s'abstint de revenir aux lieux qui lui avaient été si chers. Tout au plus prit-il sur lui de rendre les derniers devoirs aux deux collaborateurs qu'il avait laissés et qui, eux aussi, mouraient de la nostalgie de leur patron. Dans toute l'année, il n'avait qu'une joie : c'était de se retrouver avec la petite colonie de Colmariens, qui prenaient les eaux de Baden en Suisse. Mais encore dut-il renoncer à cette consolation, quand, au mois de mai dernier, il eut une première congestion cérébrale.

Depuis plusieurs années, il éprouvait dans la circulation des troubles qui dénotaient une affection du cœur; l'apoplexie en était une conséquence, et elle laissa des traces, sinon dans cette belle intelligence, du moins dans l'organisme et dans le caractère. Une nouvelle complication vint aggraver encore cet état de santé déjà si précaire, et M. Rencker y succomba dans la nuit du 18 au 19 janvier 1888.

Belfort a été sensible à la perte qu'il faisait. Les honneurs qu'il rendit au patriote alsacien ont été une consolation pour sa famille et pour ses amis. A un seul, le colonel Leclaire, venu tout exprès de Besançon, il fut donné d'assister à ses funérailles. Sur sa tombe, son collègue à Bordeaux, M. Grosjean, le dernier préfet français du Haut-Rhin, le maire, M. Parisot, rendirent un éloquent témoignage à ce noble caractère. Leur seul regret a été que ce grand citoyen n'ait pas vécu assez longtemps, pour que sa nouvelle patrie pût lui montrer combien elle l'appréciait.

Sa ville natale a du moins recouvré ses restes. Elle rendra au défunt la justice que, tant qu'il a pu, il lui a voué ses éminentes facultés et qu'il a été le serviteur désintéressé de la chose commune, alors qu'il aurait pu briller, comme homme politique, au premier rang des serviteurs de l'Etat.

X. Mossmann.

ANT. MEYER, PHOTOG. COLMAR — DÉPOSÉ

Général Bon de BERCKHEIM, Sigismond-Guillaume

BERCKHEIM

SIGISMOND-GUILLAUME, Baron de —

EST né à Mannheim, le 24 mai 1819. Son père, Chrétien-Frédéric, était le frère cadet du général Sigismond-Frédéric de Berckheim, dont nous avons déjà retracé la glorieuse carrière : entré au service, le 22 mars 1800, Chrétien-Frédéric était chef d'escadron lors de la chute du premier empire, et fut mis en non-activité après les Cent-jours. A l'exemple de son père et de son oncle, le jeune Sigismond-Guillaume choisit la profession des armes. Il s'engagea, le 11 novembre 1837, en même temps qu'il entrait à l'école polytechnique, et se voua à l'artillerie. Dès ses débuts au service, il se fit remarquer par sa bravoure, par son énergie et par son savoir. Le 6 mars 1846, il fut nommé chevalier de la Légion d'honneur et, le 14 juin de la même année, capitaine. Après la révolution de Février, il eut l'ambition de représenter le Haut-Rhin à l'Assemblée nationale; mais, quoique possessionné dans le département, il n'avait pas alors la popularité qui s'impose au suffrage universel : plus tard seulement il fut élu au conseil général, où, jusqu'à la fin du second empire, il représenta le canton d'Andolsheim.

Il prit sa revanche sur les champs de bataille. Aux débuts de la guerre de Crimée, le 7 juin 1854, il devint chef d'escadron, et, après la bataille de l'Alma, le 28 décembre, officier de la Légion d'honneur. Il était lieutenant-colonel, le 22 mars

1856, colonel, le 15 juillet 1859 : ce brillant officier supérieur n'avait alors que quarante ans. Il est de plus chevalier de l'ordre anglais du Bain, et, le 20 avril 1863, il est promu commandeur de la Légion d'honneur. Comme colonel, M. de Berckheim est successivement à la tête du régiment des pontonniers à Strasbourg et du régiment de l'artillerie de la garde. Le 21 décembre 1866, il passe général de brigade et l'empereur le choisit pour officier d'ordonnance.

La guerre avec l'Allemagne conduit M. de Berckheim à Metz, où il commande l'artillerie du maréchal Canrobert ; à Ladonchamp, son feu convergent oblige les Prussiens à se terrer dans les caves, ce qui permit à l'infanterie d'enlever la position. Après la capitulation, le général fit démonter les culasses des mitrailleuses du 6ᵉ corps, pour soustraire cette nouvelle artillerie à l'ennemi. Promu grand-officier de la Légion d'honneur, le 20 avril 1871, il prit part au second siège de Paris, après son retour de captivité : ce furent ses batteries qui firent taire le feu du fort d'Issy. Le 26 décembre 1872, il fut nommé général de division. Du 5 mai 1879 au 19 février 1882, il présida le comité d'artillerie, et du 19 février 1882 au 24 mai 1884 il commanda le 4ᵉ corps d'armée.

Telle est cette belle carrière uniquement marquée par des faits et des dates. Nous ne connaîtrions ni l'homme, ni le soldat, si nous n'avions pas ses adieux au 4ᵉ corps, quand, l'heure de la retraite ayant sonnée, un décret du 2 mai 1884 l'admit dans la réserve du cadre de l'état-major général. « Il y a trente ans, dit-il aux soldats qu'il allait cesser de commander, j'étais à la bataille de l'Alma, première grande victoire remportée depuis longtemps par l'armée française sur un ennemi digne d'elle. Le soir, notre général en chef, quoique atteint d'une maladie mortelle, parcourut à cheval les rangs de ses troupes et fut acclamé par un mouvement spontané. Les blessés mêmes se soulevaient pour le saluer. Ce jour-là, j'ai compris la poésie et la grandeur militaire, et j'ai envié le sort de ce soldat mourant en léguant à sa patrie une victoire.

« Officiers et sous-officiers qui consacrez votre vie à la carrière des armes, vous avez un noble rôle à remplir. Le service obligatoire fait de chaque citoyen un défenseur du sol de la patrie. C'est à vous de faire pénétrer dans la jeunesse française la discipline, le respect des lois, le culte du courage et de l'honneur. Ne vous découragez donc jamais, si vous avez des moments de lassitude ; pensez aux chances de la guerre, faites vos rêves de gloire, et s'ils se réalisent, si le 4ᵉ corps décide d'une victoire, mon cœur de vieux soldat battra comme il y a trente ans. »

RIEDER, Amédée

RIEDER, Jacques-Amédée
1807—1880

FABRICANT de papier et agronome de mérite, Jacques-Amédée Rieder s'est signalé par des services considérables rendus à l'agriculture et à l'industrie de l'Alsace. Parmi les inventions dont il a doté l'industrie, on lui doit la première application du séchage continu à la machine à papier, l'emploi de la boîte hydraulique adaptée au cylindre-forme, le collage à la gélatine du papier cartier sur la machine génératrice, l'introduction du picnomètre destiné à mesurer l'épaisseur du papier, l'emploi du lessiveur rotatif, avec lavage à l'intérieur pour la décoloration et le blanchiment des chiffons en couleur. Dans le domaine de l'agriculture, l'emploi des eaux du Rhin pour la création des prairies dans la Hart et des essais couronnés de succès pour augmenter la production des fourrages sur des terrains arides ont été des expériences non moins utiles pour le développement des affaires agricoles. La création de l'asile agricole de Cernay et l'organisation du comité spécial de l'industrie du papier au sein de la Société industrielle de Mulhouse, deux œuvres réalisées avec le concours d'un groupe d'amis, marqueront également dans sa laborieuse carrière. Suivant l'expression d'un de ses biographes, cet homme de bien « a honoré tout ce qu'il a touché durant sa vie, et il n'a jamais rien touché qui ne fut honorable ».

Mort au milieu de sa famille, à l'Ile-Napoléon, le 28 décembre 1880, Amédée Rieder naquit le 27 janvier 1807 à Colmar, où son père exerçait alors les fonctions de pasteur luthérien. Il eut pour parrain le poëte Pfeffel et fit de bonnes études dans sa ville natale. A l'âge de dix-huit ans, il fut admis dans les établissements de Wesserling pour y apprendre la mécanique pratique. Les circonstances l'amenèrent toutefois à s'adonner à l'industrie du papier, au lieu de poursuivre la fabrication des tissus du coton dans les ateliers de la grande maison de Wesserling, dont le chef, Jacques Gros, lui a donné une de ses filles en mariage[1]. A cette époque, la fabrication du papier continu par machines, introduite en Angleterre au commencement du siècle actuel, ne comptait encore en France que quatre établissements. On produisait seulement du papier en feuilles, faute d'un séchage continu pour la production en rouleaux. Rieder, attaché en 1828 à la maison Zuber à Rixheim, imagina après deux années de recherches l'appareil à séchage décrit dans un brevet du 30 septembre 1830. Cette invention donna une impulsion puissante à la fabrication des papiers peints pour tapisseries ou tentures, portée depuis à un degré de perfectionnement si avancée dans l'établissement Zuber, grâce à des innovations incessantes.

La concession d'une chute d'eau sur le canal du Rhône-au-Rhin, à proximité de Rixheim, amena la maison Zuber à construire la papeterie de l'Ile-Napoléon, établie sous la direction de Rieder et successivement agrandie par ses soins. Les premiers travaux de cette construction remontent à l'année 1840. En 1851, le développement de

---

[1] Le fils d'Amédée Rieder, M. Jacques Rieder, est aujourd'hui un des gérants des établissements de Wesserling.

l'entreprise eut pour effet la formation de la nouvelle société Zuber & Rieder pour l'exploitation de la papeterie seule, tandis que l'ancienne maison J. Zuber & Cie, dont Amédée Rieder était devenu l'associé lors de la retraite de Jean Zuber père, continua séparément la fabrication des papiers peints. A la même époque les fabricants de papier de la région de l'est se réunirent pour former au sein de la Société industrielle de Mulhouse, le comité de l'industrie du papier. Désigné par ses collègues pour présider ce comité spécial, M. Rieder a contribué dans une large mesure à ses travaux appliqués à introduire dans la fabrication les perfectionnements possibles et à stimuler l'esprit d'invention. Une série de rapports publiés dans les bulletins de la Société industrielle attestent l'activité du comité et son influence sur les progrès réalisés pour la production du papier à bas prix. Aujourd'hui, selon la remarque de M. Jean Zuber, « l'industrie du papier, longtemps entravée dans son essor par de sérieuses difficultés pour les matières premières, a à sa disposition les plus belles pâtes, obtenues de la paille, du bois et d'autres matières pouvant s'associer au chiffon. Elle est ainsi en mesure de parer à tous les besoins de la consommation toujours croissante, en livrant à bas prix des papiers relativement beaux et bons, sans exclure les papiers de luxe les plus résistants, pour ceux qui veulent en payer le prix. »

Non content de favoriser sans relâche les progrès de l'industrie du papier, Amédée Rieder a aussi porté son attention sur l'agriculture. La même année où l'association des fabricants de France le choisit pour vice-président, à l'exposition universelle de Paris, il a obtenu, en 1867, au concours agricole régional des départements de l'Est, tenu à Colmar, une médaille d'or pour la création des prairies à l'Ile-Napoléon, irriguées avec l'eau du Rhin. Aux yeux des cultivateurs routiniers l'eau du Rhin passe pour stériliser et brûler le gazon. Employée convenablement comme stimulant de la végétation, sous l'effet d'irrigations conduites avec intelligence, cette eau donne d'excellentes récoltes de fourrages, même sur les terrains arides de la Hart. L'expérience faite à l'Ile-Napoléon et appliquée dans une mesure plus considérable à Hombourg, dans le domaine du comte de Maupeou, est tout-à-fait décisive. Aussi bien Rieder, comme vice-président du comice agricole de l'arrondissement de Mulhouse et comme membre du Conseil général du Haut-Rhin, a-t-il proposé depuis longtemps de transformer en prairies une partie plus étendue du territoire de la Hart au moyen de prises d'eau sur le Rhin. Tôt ou tard le souci des améliorations agricoles en Alsace devra réaliser cette idée seule susceptible de relever la condition des paysans de la Hart. La population des communes de cette région, si longtemps délaissée et abandonnée par l'administration, sera bien reconnaissante au gouvernement qui l'aidera à exécuter ce grand travail au-dessus des forces des nos petits cultivateurs livrés à eux-mêmes [1].

CHARLES GRAD.

---

[1] Voir dans le Bulletin de la Société industrielle de Mulhouse la notice nécrologique sur M. Amédée Rieder par M. Ivan Zuber. Année 1881. — J. Orth : Notice biographique sur Jacques-Amédée Rieder. Mulhouse, 1881.

SCHLUMBERGER, Gustave-Léon

SCHLUMBERGER, Gustave-Léon

Numismate et membre de l'Institut de France, naquit le 17 octobre 1844 à Guebwiller, dans le Haut-Rhin. Après de brillantes études au collège de Pau, il vint, en 1863, à Paris pour suivre les cours de la Faculté de médecine. Avide de savoir, doué d'un remarquable esprit d'assimilation scientifique, le jeune Schlumberger conquit ses grades avec rapidité : en 1869, il était reçu interne des hôpitaux, après avoir vu son nom passer au concours, le second de la liste.

La guerre de 1870-71 offrit à notre compatriote une pénible occasion d'exercer son expérience. Il fit la campagne en qualité de chirurgien des ambulances internationales. Aussitôt la guerre terminée, après la conclusion de la paix, il présenta à la Faculté de médecine de Paris sa thèse de doctorat. Il avait choisi comme sujet l'*érésipèle du pharynx*, et la manière dont il le traita lui valut la médaille d'argent. Tout faisait prévoir à cette époque que M. Schlumberger allait devenir une des personnalités marquantes du corps médical, quand tout à coup il donna une direction complètement différente à ses études.

Un séjour à Rome, pendant l'hiver de 1872-73, l'avait mis en présence des merveilles archéologiques de la Ville Eternelle. Entre toutes les branches auxquelles s'adresse l'étude du passé, la numismatique attira spécialement son attention. M. Schlumberger allait grossir d'un nom estimé cette légion de numismatistes-médecins, si nombreux qu'un biographe, Renauldin, a pu leur consacrer un volume spécial.

En 1874, notre compatriote publia son premier ouvrage de longue haleine : les *Bractéates d'Allemagne*, livre excellent que l'Institut couronna et qui parut sous les auspices d'un savant illustre, Félicien de Saulcy.

Ce traité fut pour les numismates de France, généralement peu familiarisés avec l'étude des monnaies étrangères, une véritable révélation. L'auteur, non content de dépouiller les ouvrages parus sur la matière, au-delà du Rhin, s'était rapidement formé une collection de bractéates, pour disserter d'après les monuments eux-mêmes. C'est du reste là la seule méthode véritablement scientifique : ayons hâte de dire que M. Schlumberger s'y conforma pour tous les travaux publiés dans la suite.

Un voyage en Orient exécuté en 1875 donna à M. Schlumberger l'idée de refaire, sur un plan plus étendu, un livre que M. de Saulcy avait publié en 1847 sur les monnaies des Croisés. Mais avant d'entamer cette œuvre considérable, le jeune savant voulut approfondir l'histoire elle-même des diverses principautés franques du Levant. Ces recherches préliminaires donnèrent lieu à des articles parus dans la *Revue des Deux-Mondes* et réunis plus tard en un volume (*Les principautés franques du Levant d'après les plus récentes découvertes de la numismatique, 1877*).

De 1876 à 1878, une occasion excellente s'offrit à M. Schlumberger pour exercer son activité scientifique et généraliser ses connaissances, déjà très étendues, de nos monuments monétaires : il prépara avec Adrien de Longpérier, en qualité de secrétaire général, l'exposition rétrospective du Trocadéro. Grâce aux soins et aux démarches de M. Schlumberger, la numismatique occupa dans cette exposition une place exceptionnelle : on put voir, momentanément réunies, des collections surpassant en intérêt et en beauté celles des établissements publics les plus célèbres.

Les occupations si complexes et si absorbantes du secrétariat n'empêchèrent pas M. Schlumberger d'achever sa *Numismatique de l'Orient latin*, qui sortit des presses en 1878. Cet ouvrage, qui comprend 520 pages de texte grand in-4°, plus un supplément, est sans contredit une des monographies les plus importantes, publiées en France dans ces vingt dernières années. Le plan et la méthode en sont sûrs, l'exécution est réellement supérieure. Après avoir exposé dans sa préface la genèse de l'œuvre, et rendu à son devancier un juste hommage, l'auteur donne la liste complète des travaux consacrés avant lui à un point quelconque de son vaste sujet; dans une introduction concise, il détermine les grandes lignes du plan adopté; puis viennent successivement les monnaies des deux grands groupes entre lesquels se répartissent les seigneuries créées par les Latins en Orient : celles formées à la suite de la grande croisade de Godefroy de Bouillon, et celles établies en Grèce après la chute de Constantinople et la prise de l'empire d'Orient.

La *Numismatique de l'Orient latin* fut couronnée par l'Institut, et l'auteur reçut la croix de la Légion d'honneur comme prix des services rendus aux sciences archéologiques.

En 1879, M. Schlumberger fit un nouveau voyage dans les régions du Levant. Cette fois, poussant plus avant dans le passé, c'était aux antiquités byzantines qu'il voulait consacrer ses recherches.

L'acquisition d'un trésor de monnaies himyaritiques exhumé à San'a fit faire en 1880 à notre érudit compatriote une rapide excursion dans l'archéologie arabe (*Le trésor de San'a*, in-4°); mais une publication plus importante devait bientôt absorber son attention.

En 1882, un de ses maîtres les plus chers, Adrien de Longpérier, vint à mourir. M. Schlumberger voulut honorer sa mémoire en publiant ses œuvres complètes. De 1883 à 1887, sept volumes parurent : l'entreprise était menée à bonne fin.

Concurremment avec les soins que nécessitait cette précieuse édition, il donna en 1884 sa *Sigillographie de l'empire byzantin*, nouvelle œuvre capitale qui ne le cède en rien aux précédentes, et que l'auteur songe aujourd'hui à compléter par un *corpus* des *sceaux et bulles de l'Orient latin*. Tous ces travaux furent accueillis avec faveur par les hommes compétents. Le 12 décembre 1884, l'Académie des Inscriptions et Belles-lettres de Paris accueillit M. Gustave-Léon Schlumberger au nombre de ses membres, comme déjà, sept ans plus tôt, l'avait fait la Société nationale des Antiquaires de France. Notre compatriote est un des plus jeunes académiciens à l'heure actuelle : les nombreux travaux qu'il prépare, les recherches incessantes auxquelles il se livre dans l'intérêt de la science archéologique, nous autorisent à dire qu'il n'en sera ni le moins actif, ni le moins méritant, après une existence déjà bien remplie.

ARTHUR ENGEL.

ANT. MEYER, PHOTOG COLMAR   DÉPOSÉ

VÉRON-RÉVILLE, Amand-Antoine

VÉRON-RÉVILLE
AMAND-ANTOINE

EST un des magistrats dont l'ancienne cour d'appel de Colmar a le plus sujet de s'honorer. Né, le 3 septembre 1815, à Neuf-Brisach, où son père, retraité plus tard comme lieutenant-colonel, était alors directeur du génie, par sa mère il appartenait à une vieille famille bourgeoise de Sélestadt. Après de brillantes études au collège de Strasbourg, il fit son droit, et fut nommé, en 1841, substitut du procureur du roi à Belfort, où on le retrouve, en 1846, à la tête du parquet, après un second stage à Sélestadt. L'année suivante, il est appelé, comme substitut du procureur général, à Colmar, où il fut promu avocat général en 1849. Dix-huit mois après, M. Véron-Réville passa dans la magistrature assise.

Le nouveau conseiller n'avait que trente-cinq ans. Il était l'une des plus jeunes recrues que la cour de Colmar eût jamais faite. Il fallait toutes les preuves de capacité professionnelle qu'il ne cessait de donner, pour justifier ce rapide avancement. Il acquit de nouveaux titres par l'emploi qu'il fit de ses loisirs.

La curiosité de son esprit portait le jeune magistrat à l'étude des origines du droit. En cherchant à se rendre compte de l'organisation judiciaire de l'Alsace, il remonta jusqu'aux institutions primitives qui ont régi la province. Son *Essai sur les anciennes juridictions d'Alsace* (Colmar,

1857, in-8°) fut le premier fruit de ses veilles. « C'est une véritable introduction à l'histoire générale du droit en Alsace », dit de ce livre l'éminent jurisconsulte I. Chauffour. Dans son avant-propos, l'auteur reconnaît ce qu'il doit aux travaux de l'école historique allemande. Il lui reproche cependant « un vieux fond d'aigreur », qui se traduit pour la France « en un sentiment non équivoque de méfiance et de mauvais vouloir. » Il sent instinctivement qu'il appartient à l'Alsace de dissiper ces préventions, et, pour rassurer l'Allemagne, il cite « cette crise providentielle d'Orient », où la France a donné au monde l'exemple d'une guerre qui ne se proposait d'autre but que « de ménager les droits de tous et de respecter toutes les nationalités. »

A l'*Etude sur les juridictions* on peut rattacher le mémoire sur les *Justices véhmiques en Allemagne*, qui parut, en 1859, dans la *Revue d'Alsace*. Notre province n'a en effet pas été à l'abri de ce tribunal, moins redoutable qu'incommode, où, au XVᵉ siècle, plus d'un Alsacien a porté ses appels. Le beau travail sur le *Régime colonger en Alsace*, qu'il publia, en 1866, dans la *Revue de l'Est* et dont il existe un tirage à part, peut passer pour un autre complément du même livre. C'est la synthèse de toutes les recherches dont les colonges avaient été l'objet en Alsace, en Allemagne et en Suisse: pour la rendre parfaite, il n'a manqué à l'auteur que de connaître l'étude magistrale sur le colonat romain, publiée depuis par M. Fustel de Coulanges.

En 1864, M. Véron-Réville publia dans la *Revue d'Alsace: Les Juifs d'Alsace sous l'ancien régime*. Dans cet essai, le magistrat marche de front avec le savant et, quand, au regard des mauvaises habitudes d'une race longtemps opprimée, l'auteur montre les efforts qu'elle fait elle-même pour son relèvement, il est permis de croire qu'à ses yeux le meilleur régime encore pour elle est le droit commun.

M. Véron-Réville était jurisconsulte avant tout, et rien de ce qui touchait au droit ne lui restait étranger. L'un des livres qu'il goûta le plus, ce sont les *Culturhistorische Bilder* d'Osenbruggen, qui jettent un si grand jour sur l'origine des institutions juridiques en Suisse. Il rendit compte de ces belles recherches dans la *Revue d'Alsace*, en 1863, dans la *Revue de l'Est*, en 1864.

Le dernier travail que notre littérature historique lui doit, c'est l'*Histoire de la Révolution française dans le Haut-Rhin* (Colmar, 1865, in-8°). Dans son avant-propos l'auteur juge en véritable historien cette époque, qui « marque pour chaque province la fin de son existence propre et individuelle et son début dans cette sorte de vie commune, qui caractérise, de nos jours, la société française », et il montre que c'est à la Révolution surtout que la France doit d'avoir pu déployer son génie d'assimilation, en faisant de ces Alsaciens, de ces Lorrains, de ces Bretons, de ces Flamands, de ces Catalans « un seul corps de nation parfaitement homogène ». Un essai sur la Révolution à Sélestadt est resté inédit.

Sa vaste érudition, soutenue par la hauteur de la pensée et la noblesse du caractère, classait M. Véron-Réville au premier rang de la magistrature alsacienne. Son *Essai sur les juridictions* lui avait valu une mention honorable de l'Académie des inscriptions et belles-lettres. Il fut décoré de la Légion d'honneur et, quand la Société pour la conservation des monuments historiques fonda son comité du Haut-Rhin, ce fut lui qui en prit la présidence, aux applaudissements de tous les travailleurs, qui savaient pouvoir compter sur sa bienveillance et son appui. Tous ses amis comptaient qu'un poste plus élevé l'attacherait à jamais à la cour de Colmar. Malheureusement sa santé, qui avait toujours été délicate, l'obligea à préférer un climat plus doux. En 1869, il fut nommé conseiller à Bordeaux. C'est là que la guerre avec l'Allemagne le surprit. Ce fils d'un glorieux soldat du premier Empire fut témoin de l'effondrement sans gloire du second. Tant de hontes et de désastres l'achevèrent. Cependant quand il mourut, le 2 janvier 1871, il espérait encore pour sa patrie.

X. Mossmann.

ANT MEYER, PHOTOG COLMAR DÉPOSÉ

KLEIN, Jules

KLEIN, Jules

PRÉSIDENT du Conseil général de la Basse-Alsace et conseiller d'Etat, est né à Obermodern, canton de Bouxwiller, le 24 janvier 1830. En 1836, son père ayant été nommé pasteur à La Petite-Pierre, il passa les premières années de sa jeunesse dans cette localité pour faire ensuite ses études classiques au gymnase et au lycée de Strasbourg. Admis en 1854 à l'école de médecine et de pharmacie militaire du Val-de-Grâce à Paris, M. Klein en sortit second, avec le grade d'aide-major à l'hôpital militaire de Strasbourg. Il avait rempli les fonctions de préparateur du professeur Paggiale et se destina un moment à l'enseignement supérieur, sous l'impulsion de ses maîtres qui appréciaient fort ses aptitudes et son ardeur au travail. Les circonstances l'amenèrent pourtant à renoncer à ce projet, après avoir acheté une pharmacie à Strasbourg, où il s'établit définitivement en 1857.

De bonne heure, les affaires publiques attirèrent l'attention et l'activité du jeune pharmacien. Ami du professeur Küss, mort député à l'assemblée nationale de Bordeaux, il fonda avec celui-ci le *Volksblatt*, organe de l'opposition libérale et rédigé en allemand en vue des classes populaires. Jusqu'en 1870, il prit une part active à la rédaction de cette feuille, qui a été supprimée depuis par le gouvernement de l'Alsace-Lorraine. Après l'annexion, l'ancien *Courrier du Bas-Rhin* étant devenu la propriété d'un allemand immigré, le parti autonomiste alsacien se trouva privé de tout organe de publicité. M. Klein s'émut de cette situation et sollicita l'autorisation de faire paraître le *Journal d'Alsace*, qui devait avoir pour programme l'autonomie du pays annexé à l'Allemagne. Le président supérieur, M. de Mœller, lui accorda l'autorisation demandée, sous sa responsabilité personnelle. Jusqu'au jour où le nouveau journal passa à la maison Fischbach, M. Klein resta président du comité directeur.

Les Alsaciens ont toujours suivi avec attention le mouvement littéraire et intellectuel de l'Allemagne. Aussi bien Strasbourg a servi, depuis un siècle surtout, d'intermédiaire pour la transmission des idées de l'Allemagne en France. Comme beaucoup de ses concitoyens, M. Klein éprouva dès son jeune âge une vive sympathie pour les choses d'outre-Rhin. Ses études lui avaient donné le sentiment des forces de nos voisins en voie de réaliser leur unité nationale. Lorsque la guerre fut déclarée au mois de juillet 1870, il comprit que la force des choses amènerait à bref délai l'incorporation de l'Alsace au nouvel empire reconstitué. Quoi d'étonnant, après le fait accompli de l'annexion, que tous ses efforts aient tendu à créer dans le pays un parti réunissant les hommes décidés à revendiquer son autonomie au sein de l'empire allemand. L'autonomie de l'Alsace-Lorraine, aux yeux de ses promoteurs, c'était le gouvernement du pays par lui-même, pour l'administration de ses affaires intérieures et de ses intérêts particuliers, sous le régime d'une constitution propre, octroyée par l'empire, plaçant les provinces annexées sur le pied d'égalité avec les autres Etats allemands.

Pendant le siège de Strasbourg, le conseil municipal, ayant perdu une partie de ses membres, qui avaient jugé à propos de quitter la ville, éprouva le besoin de se renforcer par des éléments nouveaux. M. Klein fut élu pour entrer dans l'assemblée avec Kablé et Küss. Le 18 octobre, après la déchéance de l'empire, Küss étant devenu maire de Strasbourg, M. Klein fut appelé à remplir les fonctions d'adjoint chargé de l'instruction publique et de la réorganisation des écoles abîmées par le bombardement. Tâche difficile en un moment où le service des ambulances et la nécessité de donner un abri aux familles incendiées avaient fait disposer de tous les édifices scolaires. Néanmoins, l'adjoint chargé de l'instruction publique déploya une activité telle que dès le mois de novembre toutes les écoles communales purent ouvrir leurs classes. Trois mois plus tard, après le départ de Küss pour Bordeaux, à l'Assemblée nationale de France, un arrêté du 2 février 1871 chargea M. Klein des fonctions de maire qu'il conserva jusqu'aux nouvelles élections municipales faites par ordre du gouvernement allemand.

Pendant cette période critique, Jules Klein rendit à Strasbourg d'inappréciables services. Grâce à son tact, à son intervention habile, il sut éviter à la population bien des difficultés, soulager beaucoup de misères, parer à toutes les exigences des administrations civiles et militaires. Les ressources de la ville étaient épuisées, les recettes de l'octroi descendues à moins du quart de leur rendement normal, par suite de l'introduction des denrées et des matériaux soumis aux droits d'entrée comme fournitures militaires. Le maire s'éleva contre ce procédé et réussit, non sans difficulté, à obtenir des autorités allemandes le rétablissement des droits de la ville pour s'assurer les ressources indispensables pour suffire à ses charges. Dans l'assemblée des notables du pays convoquée au mois d'avril 1871, pour formuler les revendications de l'Alsace-Lorraine dans les conditions du traité de paix négocié à ce moment, M. Klein fut désigné pour remplir cette mission auprès du chancelier de l'empire, avec MM. Chauffour, Kablé, H. de Peyerimhoff et R. de Turckheim. Si la délégation des notables ne réussit pas à faire agréer tous ses vœux pour la défense des intérêts politiques du pays annexé, du moins a-t-elle obtenu des concessions pour améliorer la situation matérielle de la population. Entr'autres M. Klein décida le prince de Bismarck à employer une somme 13 millions de francs alors disponible dans les caveaux de la Banque de France, accordée aussitôt comme premier à-compte, pour indemniser les habitants de Strasbourg atteints par le bombardement. L'administration des hospices de la ville lui doit aussi des services signalés.

Elu par le canton de La Petite-Pierre au Conseil général de la Basse-Alsace, M. Klein fut appelé à la présidence de cette assemblée aussitôt après sa reconstitution. A la Délégation d'Alsace-Lorraine et au Conseil d'Etat, il ne cessa de réclamer l'autonomie du pays, dans les limites compatibles avec la Constitution de l'Empire. En 1879, lors du transfert du siège du gouvernement à Strasbourg, un portefeuille de sous-secrétaire d'Etat au nouveau ministère lui fut offert. Désireux de conserver son indépendance pleine et entière, il déclina cette proposition, afin de défendre avec plus de force les droits de la population annexée. Ses conseils jouirent d'un grand crédit auprès du gouvernement, sous le régime de conciliation dont le maréchal de Manteuffel a fait la base de sa politique.

CHARLES GRAD.

REUSS, Rodolphe

REUSS, Ernest-Rodolphe

ST né à Strasbourg, le 13 octobre 1841, dans une maison du quai Finckwiller, où, avant la Révolution, avaient demeuré Metternich, le futur chancelier de la cour de Vienne, et depuis, l'historien G. Koch. Fils d'Edouard Reuss, l'un des premiers exégètes de notre temps, neveu du savant professeur Himly, toutes les influences qui règlent les destinées, le vouaient aux études. A sept ans, il entra au gymnase protestant; à dix-sept, il était bachelier, et, pendant trois ans encore, il suivit les cours de la faculté des lettres, pour se faire recevoir licencié en 1861.

Pour le futur historien, il restait à apprendre comment on recherche et comment on écrit l'histoire. Pendant trois ans, il suivit à Iéna le cours d'Ad. Schmidt, à Berlin ceux de L. de Ranke, de G. Droysen, de Ph. Jaffé, de Mommsen; à Gœttingen, il fit partie du séminaire de G. Waitz : une thèse sur Ernest de Mansfeld en Bohême lui valut enfin le titre de docteur en philosophie.

A la fin de 1864, il est de retour à Strasbourg, où il fut nommé, à vingt-quatre ans, professeur agrégé d'histoire au gymnase. Mais le jeune savant avait des visées plus hautes et, en 1866, il se rendit à Paris, où il se lia avec les rénovateurs des études françaises, Paul Meyer, Gaston Paris, Gabriel Monod : il devint leur collaborateur à la *Revue critique*, où ses débuts furent très remarqués. En 1867, il reprit son enseignement à Strasbourg, mais sans perdre de vue le projet qu'il avait formé d'écrire l'histoire de la guerre de Trente ans, qui avait fait à Paris l'objet spécial de ses recherches.

Jusque-là, l'histoire d'Alsace n'avait pas piqué particulièrement la curiosité de Rod. Reuss : il y prit goût en classant la collection Heitz, dont il publia le catalogue en 1868. L'année suivante, il devint *privat-docent* au Séminaire protestant. Tout faisait prévoir une paisible carrière de savant, où rien n'aurait été dérobé aux lettres et à l'enseignement, quand la guerre éclata. Strasbourg est bombardé et sa bibliothèque, sur laquelle le jeune professeur fondait tous ses plans de travail, périt dans l'incendie du Temple-Neuf. Il en recueillit un volume carbonisé, témoin muet de cette lamentable catastrophe, qui ne l'empêcha pas de faire bravement son devoir pendant le siége : il donna encore une autre preuve de son courage, en publiant sa lettre à M. P. Meyer sur l'anéantissement des richesses littéraires de Strasbourg.

La fondation de la nouvelle université mit fin, en 1872, à son enseignement au Séminaire. Il se résigna à ne plus être que professeur au gymnase, et il profita de ses loisirs pour s'occuper, sous les auspices du maire, M. Ernest Lauth, de la création d'une nouvelle bibliothèque, où, dans l'espace de quinze ans, il réunit 81,000 volumes. Ce qui vaut encore mieux, c'est la publication persévérante de textes inédits, que rien ne pourra plus détruire, tels que les chroniques d'Imlin, de Reisseissen, de Walther, tels que des matériaux pour l'histoire de la guerre de Trente ans et de la Révolution à Strasbourg.

Doué comme il l'est pour l'histoire, Rod. Reuss aurait dû pouvoir se vouer sans réserve à la composition de grands ouvrages d'ensemble. Malheureusement il est né à une époque où, pour l'Alsace, l'élaboration des documents est trop peu avancée pour entreprendre les vastes synthèses qu'il était en droit de concevoir, et il se résigna à publier des monographies plus ou moins importantes, éléments futurs de l'édifice que d'autres auront la gloire d'élever un jour à notre histoire. C'est ainsi qu'après avoir donné la *Destruction du protestantisme en Bohême* (Strasbourg, 1868), il fit paraître: *Josias Glaser et son projet d'annexer l'Alsace à la France* (Mulhouse, 1869); *La Sorcellerie au XVIe siècle, particulièrement en Alsace* (Paris, 1872); *Les Statuts de l'ancienne université de Strasbourg* (Mulhouse 1873); *Le grand Tir strasbourgeois de 1876* (Strasbourg, 1876); *Le marquis de Pezay, un touriste parisien en Alsace* (Mulhouse, 1876); *Wolfgang Schuch, ein evangelischer Martyrer des Elsasses* (Strassburg, 1877); *Soldat, moine et maître de danse, mémoires d'un Alsacien au XVIIIe siècle* (Strasbourg, 1878); *Pierre Brully, ministre de l'église française* (Strasbourg, 1879) et *Notes pour servir à l'église française de Strasbourg* (Strasbourg, 1880); *Seligmann Alexandre, ou les tribulations d'un israélite strasbourgeois pendant la Terreur* (Strasbourg, 1880); *Les Colloques scolaires du gymnase protestant* (Strasbourg, 1881); *Vieux Noms et Rues nouvelles de Strasbourg* (Strasbourg, 1883); *Bilder aus der Schreckenszeit* (Strassburg, 1883); *Geschichte des Neuhofes* (Strassburg, 1884); *La Justice criminelle et la Police des mœurs à Strasbourg* (Strasbourg, 1885); *Charles de Butré, un physiocrate tourangeau en Alsace* (Paris, 1887); *Louis XIV et l'Eglise protestante de Strasbourg* (Paris, 1887); *La Cathédrale de Strasbourg pendant la Révolution* (Paris, 1888); *Charlotte de Landsberg et le sacrilège de Dorlisheim* (Strasbourg, 1888); *M. Samuel Gloner, ein Strassburger Lehrerbild* (Strassburg, 1888). Il suffit d'ajouter à ce catalogue le pieux monument qu'il a élevé à la mémoire de son ami le pasteur Schillinger, pour avoir à peu près l'apport de Rod. Reuss à notre littérature historique : si l'on tient compte en outre de sa collaboration assidue aux *Revues historique, critique, d'Alsace, alsacienne, chrétienne*, au *Progrès religieux*, aux *Affiches de Strasbourg*, on a tout lieu d'espérer que cet écrivain, qui sait si bien employer son temps et dont le talent acquiert de plus en plus de maturité, trouvera le loisir de nous donner un jour cette *Histoire de Strasbourg*, qui est promise et qui sera comme la pierre d'angle de l'histoire générale d'Alsace, que nous ne pourrons attendre que d'une génération moins avancée que la sienne.

X. MOSSMANN.

RUMPLER, François-Louis

RUMPLER

(Le Chanoine FRANÇOIS-LOUIS)

Dans les années qui précédèrent immédiatement la Révolution, le clergé de Strasbourg comptait dans son sein un ecclésiastique bien connu par l'originalité de son esprit, par la multitude de ses aventures dans le monde et par les démêlés de tout genre dans lesquels il fut engagé. Les nombreux écrits de circonstance qui sortirent de sa plume, les uns à l'occasion de ses procès, les autres pendant le cours de la Révolution, ont fait appeler le chanoine Rumpler, le Beaumarchais alsacien.

Seigneur de Rohrbach, aumônier ordinaire du roi, chanoine honoraire de Varsovie et titulaire de la collégiale de Saint-Pierre-le-Jeune à Strasbourg, François-Louis Rumpler est né en 1730 à Obernai, où ses aïeux avaient exercé pendant près d'un siècle, les fonctions de bourgmestre. Quand il eut terminé ses études il se fit recevoir avocat au Conseil souverain d'Alsace, puis alla faire des voyages en France et en Angleterre, après lesquels il passa près de deux ans à Paris, fréquentant des cours de sciences et des maisons de haute société. Etant revenu à Obernai pour recueillir le dernier soupir de son père, il songea à réaliser un projet qu'il avait conçu de bonne heure, celui d'embrasser l'état ecclésiastique. Il entra au séminaire de Strasbourg en 1755, et y trouva deux collègues, également anciens avocats et conseillers du roi, son cousin M. de Cointoux, ci-devant prêteur royal, et M. Goujon, général provincial des monnaies. Quand il eut été ordonné prêtre par l'évêque d'Arath, en 1756, ces deux ci-devant magistrats l'assistèrent à sa première messe, l'un comme diacre et l'autre comme sous-diacre. Après avoir passé six mois comme vicaire, chez un vieux gentilhomme, Joly de Moré, curé de Lièpvre, puis deux mois à Phalsbourg, en qualité de prédicateur français, il fut nommé à un canonicat à Haguenau par le chapelain de la collégiale de cette ville, dont son frère était membre. Pendant un séjour que ce dernier fit à Rome, il administra la paroisse de Saint-Georges qui avait pour recteur ce même frère. Ce fut aussi à Haguenau qu'il publia un petit traité sur les cérémonies de la messe et un recueil des maximes des saints, tirés de leurs écrits. En 1764, il obtint une charge de chapelain ou aumônier ordinaire de la maison du roi. Il s'acquitta de ces fonctions pendant une dizaine d'années, durant lesquelles il passa la plus grande partie de son temps à Versailles, à la cour. Dans l'intervalle, il échangea son canonicat de Haguenau contre un canonicat dans la collégiale de Saint-Pierre-le-Jeune à Strasbourg, ce qui le décida à se fixer définitivement dans cette ville. Le 14 janvier 1773, le roi de Pologne Stanislas-Auguste le nomma chanoine de Varsovie.

Dans ces diverses charges, il eut de graves démêlés avec ses supérieurs. S'étant entremis comme médiateur, sous les auspices de l'électeur de Trèves et de la princesse Christine de Saxe, dans un procès intenté, à Coblentz, à un certain marquis de Chevigny, le chanoine Rumpler finit par se mettre sur le dos tous les créanciers de son protégé et à être actionné lui-même en justice, à la fois devant le Conseil souverain d'Alsace et devant l'officialité du diocèse. Au milieu de ces nombreuses et ennuyeuses affaires, il acheta la seigneurie de Rohrbach, dans le Haut-Palatinat, dans laquelle, « guéri des préjugés, il voulait, loin

« des hommes, couler des jours sereins avec les
« bêtes fauves de ses bois, herboriser dans la
« retraite, contempler la nature, bénir son auteur ;
« lorsque des sentences, culbutant tous ses projets,
« vinrent l'attacher de plus belle à l'espèce humaine,
« par des liens tout aussi forts que le sont ceux
« qui tiennent l'honneur ancré dans l'âme. Et me
« voici réduit, ajoute-t-il, à débrouiller des actes,
« à repousser mes détracteurs, à griffonner contre
« la chicane, à maudire son inventeur. » En effet,
le 26 août 1782, il fut frappé d'une décision qui
lui interdisait l'assistance aux assemblées capitulaires. Il attaqua alors l'évêque d'Arath, vicaire
général du cardinal de Rohan, devant le Consistoire
de Mayence, devant le Conseil souverain d'Alsace
et devant le Conseil d'Etat à Paris et à Versailles.
Fatigué des lenteurs de la procédure, il s'adressa
à l'opinion publique et publia un ouvrage intitulé :
*Histoire véritable de la vie errante et de la mort subite
d'un chanoine qui vit encore, écrite à Paris par le
défunt lui-même*. Ce livre, dans lequel l'auteur
initie le public à son origine, à ses espiègleries
d'enfance et à ses tours de jeunesse, et raconte
ses courses et ses aventures de voyage, est tout
pétillant d'esprit. Ecrit dans un style moitié sérieux,
moitié burlesque, il présente presqu'à chaque page
les observations les plus fines et les plus judicieuses sur le cœur humain, comme aussi il offre
un grand intérêt pour l'étude des mœurs contemporaines. La publication de l'*Histoire véritable*
éprouva de grandes entraves. Le livre qui devait
d'abord être imprimé à Bâle, puis à Kehl, parut
clandestinement à Mayence, et les exemplaires
furent payés fort cher par les curieux. Un procès fut
intenté à ce sujet au chanoine devant le parlement
de Metz ; mais, grâce à un arrêt favorable rendu
par cette cour, le livre put désormais librement

circuler en France, et à la suite de démarches actives faites par le chanoine auprès de la commission de censure royale, il parut enfin à Paris, en 1788, avec approbation et privilége du roi. La même année, le chanoine publia une série de brochures contre un sieur Maillet, à l'occasion du procès qui lui avait été intenté à Metz, comme aussi il parut à Francfort et à Kehl un *Recueil de lettres et d'approbations de différents souverains, princes de l'Eglise, magistrats et littérateurs*, adressées au chanoine, à l'occasion de son livre. En 1784 déjà avait paru à Mayence le *Dossier des pièces pour un chanoine ressuscité à demi, contre les auteurs de sa mort et leurs complices*, qui forme le second volume de l'*Histoire véritable*.

La Révolution mit fin aux procédures et aux mémoires justificatifs. Le chanoine Rumpler, choisit un rôle tout à fait exceptionnel et conserva, au milieu de l'agitation créée par le choc des partis, cette attitude libre et indépendante qui était si conforme à son caractère. Bien qu'il eût prêté le serment civique, en 1792, et engagé ses collègues à suivre son exemple, dans plusieurs brochures devenues fort rares, il ne cessa de stigmatiser et de ridiculiser les héros du jour et leurs doctrines, et publia contre eux une série d'écrits, tant livres que brochures et simples feuilles volantes. Le chanoine Rumpler seul pouvait jouer un rôle pareil; l'originalité de son caractère et la souplesse de son esprit le sauvèrent sinon de l'emprisonnement du moins de la hache révolutionnaire. La réaction thermidorienne le remit dans la voie de l'orthodoxie. Il acheta le domaine de Sainte-Odile et y passa ses derniers jours. Il s'était également rendu acquéreur du couvent des capucins à Obernai et en avait fait don à sa ville natale.

ANT MEYER, PHOTOG. COLMAR DÉPOSÉ

WIDAL, Auguste

WIDAL, Charles-Auguste

Littérateur, est né le 3 juin 1822 à Wintzenheim. Son père, qui jouissait d'une certaine aisance et qui le destinait au rabbinat, le plaça, au sortir de l'école primaire, au collège de Colmar, vers lequel on vit s'acheminer chaque matin, sac au dos, le futur auteur des *Scènes de la vie juive en Alsace*, jusqu'au jour où il fut envoyé au lycée Charlemagne, à Paris. Cependant les projets du père s'étaient modifiés. Après avoir terminé ses études au lycée, le jeune Widal se fit recevoir à l'Ecole normale supérieure et travailla avec ardeur sur les mêmes bancs qu'Edmond About. Ses aptitudes et son penchant le portaient vers les langues anciennes et modernes.

A l'âge de 25 ans, Widal était nommé professeur suppléant de rhétorique au lycée Charlemagne, dont il avait été un des plus brillants élèves. En 1851, il publia ses deux premiers ouvrages: *Les divers caractères du misanthrope chez les écrivains anciens et modernes*, et *La question des classiques et des romantiques chez les Romains*. L'année suivante il était reçu docteur ès-lettres, et deux ans après paraissaient les *Etudes sur trois tragédies de Sénèque imitées d'Euripide*. Le 1er décembre 1855, il était chargé du cours de littérature ancienne à la Faculté des lettres de Poitiers, en remplacement de M. Meyer, appelé à suppléer Sainte-Beuve au Collège de France. Tout en se livrant avec passion à l'étude des chefs-d'œuvre de l'antiquité, il était loin de se désintéresser de ce que la vie moderne pouvait présenter d'attrait à un esprit aussi actif que le sien. Il commença en 1857 dans la *Revue des Deux-Mondes*, sous le pseudonyme de Daniel Stauben, une série d'articles qu'il intitula *Les scènes de la vie juive en Alsace*. Voici comment il raconte lui-même la genèse de cet ouvrage, qui peut prendre place à côté des récits d'Alexandre Weill et de Berthold Auerbach : « Parmi les divers romans dus à la plume d'un illustre contemporain, nous venions d'en lire quelques-uns empreints d'un cachet particulier. Nous voulons parler de ceux où, laissant de côté toute théorie politique et sociale comme aussi la peinture brûlante des orages du cœur, l'auteur de la Mare-au-Diable et de François Champy aborde des sujets plus calmes, moins irritants, et, avec un rare bonheur, entre dans une veine nouvelle, celle de la vie rustique et de la poésie champêtre. Comme tout le monde, nous fûmes émerveillé : la lecture de cette série de petits chefs-d'œuvre, ces récits si simples, ces tableaux si frais, cette naïveté de mœurs, ces curieuses chroniques de village, ces traditions populaires si gracieusement racontées, ces amours tout agrestes, ces individualités rustiques si bien étudiées, tout cela nous avait vivement impressionné. En même temps s'étaient éveillées en nous une foule de réminiscences ayant trait à un monde à la fois analogue et différent, si on peut le dire ; analogue par la bonhomie des habitudes, l'ancienneté des usages et l'originalité de certains personnages ; différent par la religion qui sert de cadre à tout cela. Le Berry, me dis-je alors, n'est pas la seule contrée de la France où vivent des populations au caractère tranché, aux coutumes antiques, à l'idiome pittoresque. Aux paysans de l'Indre, on pourrait opposer, sous plus d'un rapport, dans une autre sphère d'existence et d'idées, les Juifs de nos hameaux de l'Alsace. Établis dans cette contrée depuis des siècles avant la conquête française, n'y ont-ils pas conservé un langage à part, et ne s'y sont-ils pas fait une vie à part aussi ? Vie, qui ne ressemble pas plus à celle des populations chrétiennes dont ils sont entourés, qu'à celle de leurs coreligionnaires des villes ? La vie juive dans les villages alsaciens, me disais-je encore, ne présente-t-elle pas un curieux ensemble d'idées, de rites, de cérémonies, de superstitions, de traits de mœurs, de types campagnards, de fêtes périodiques, formant, le tout, comme une sorte de civilisation. Double fruit, d'un côté, d'une antique croyance, et, de l'autre, des misères du moyen-âge et des persécutions ? Spectacle intéressant, à coup sûr, pour le philosophe et pour l'artiste !

« Tout en faisant ces réflexions, je me demandai pourquoi, après tout, en ma qualité d'Alsacien et d'Israélite, né et élevé au village, je n'essaierais pas d'initier le lecteur profane à cette vie si peu connue et si digne de l'être. Aidé de nos souvenirs d'enfance, comme aussi des impressions résultant de quelques récentes excursions *au pays*, nous nous mîmes à esquisser les *Scènes* qu'on va lire. On y verra les Juifs de l'Alsace dans les principales phases de la vie de famille et de la vie religieuse, au foyer et dans la synagogue. On fera connaissance avec leurs habitudes, leurs traditions, leurs légendes, leurs fêtes, leurs mœurs et leurs caractères. Nous avons cherché à dépeindre de notre mieux cette sorte d'*antiquité judaïque* contemporaine, prête, hélas ! à disparaître ; car, au train dont va le siècle — le *progrès* et les chemins de fer aidant — quelques années encore, il ne restera plus vestige de ces mœurs primitives... »

Appelé à la suppléance de la chaire de littérature ancienne de la Faculté des lettres de Douai, le 23 octobre de l'année où commença cette publication,

Widal en fut nommé titulaire le 6 décembre 1859. L'année suivante, il fit paraître ses deux premières traductions des ouvrages du romancier viennois Léopold Kompert : *Scènes du Ghetto* et *Les Juifs en Bohême*, et publia en volume les *Scènes de la vie juive en Alsace*. Les *Etudes littéraires et morales sur Homère*, qui virent le jour en 1863, prouvèrent qu'il n'était pas devenu infidèle aux anciens. Le 22 octobre 1864, il quitta la Faculté des lettres de Douai pour celle de Besançon, où il fut chargé du cours de littérature étrangère. En 1870 parurent *Juvénal et ses satires, études littéraires et morales*. Entre temps, Widal continuait ses traductions de Léopold Kompert. Il s'acquitta de cette tâche avec une telle supériorité, avec un sentiment si vif et si délicat, il rendit ces sujets abstraits si compréhensibles à ses compatriotes, que ces traductions mériteraient plus justement le nom d'originaux que celui de copies. Kompert fut tellement enchanté de la finesse avec laquelle ses œuvres avaient été reproduites, qu'il invita le jeune savant à venir passer ses vacances chez lui. Il le présenta dans quelques familles riches, et c'est là que Widal fit la connaissance de la jeune fille qui devint la compagne de sa vie. Le 2 mai 1873, Jules Simon le nomma inspecteur général des langues vivantes dans les lycées et collèges de la France.

Widal est mort subitement le 6 mai 1875. Il était chevalier de la Légion d'honneur.

Quoiqu'il fût tenu éloigné de l'Alsace par les exigences de ses fonctions, Widal resta toujours fidèlement attaché à son pays natal, et c'est avec bonheur que chaque fois, à l'époque des vacances, il dépouillait la robe du professeur et en abandonnait la langue, ainsi qu'il le disait lui-même, pour revenir au pays et au patois alsaciens.

GOLDENBERG, Alfred

GOLDENBERG, Alfred

CHEF d'industrie et député au Reichstag, est né à Molsheim (Alsace), le 28 janvier 1831. Après de bonnes études à l'Ecole centrale des arts et manufactures de Paris, dont il est sorti avec le diplôme d'ingénieur civil, il a fait un séjour prolongé dans les centres métallurgiques de l'Angleterre pour s'associer, à partir de 1862, à la direction des établissements industriels de son père. Celui-ci était natif de Remscheid et dirigea assez longtemps la fabrique de grosse quincaillerie de Molsheim. A partir de 1837, il acquit, pour les exploiter à son compte, les usines du Zornhof, près Saverne. Une première fabrique d'outils établie dans ces usines passa successivement aux mains de deux sociétés différentes sans réussir. Sous l'habile direction de ses propriétaires actuels, l'établissement prospéra si bien qu'en peu d'années de nouveaux ateliers furent construits à côté des anciens. Au moment de l'annexion du pays à l'Allemagne, la maison Goldenberg occupait plus de mille ouvriers dans l'usine du Zornhof et ses dépendances. Notamment le village de Monswiller, près du siège central, avait vu tripler le nombre de ses habitants. Une cité ouvrière, construite par le chef de la maison, le long de la route de Saverne, loge une grande partie du personnel employé.

La diversité des articles produits au Zornhof, d'après des procédés perfectionnés sans relâche, n'est égalée par aucune autre branche d'industrie de l'Alsace. Des outils et des ustensiles de toutes espèces, autrefois tous fabriqués à la main, se font là maintenant au moyen de machines au plus bas prix possible. Une série d'opérations ingénieuses transforme les barres d'acier et les pièces de bois brut en lames de scies, en faulx, en limes, en rabots, en ciseaux, en planes, en tilles, en pinces, en gouges, en rapes, en couteaux, en marteaux, en pelles, en bêches, en binettes, en herses, en fourches, outils pour toutes les professions, instruments de tous les modèles. Ces produits s'exportent dans tous les pays du monde et la maison Goldenberg s'est acquis un renom justement mérité sur le marché universel, bien au-delà des limites de l'Alsace. Non contents de perfectionner sans cesse leur industrie particulière et d'améliorer par des institutions de secours la condition de leurs ouvriers, M. Goldenberg et son digne père ont constamment pris soin d'encourager autour d'eux le travail agricole. Parmi leurs services d'utilité générale, il faut signaler aussi l'invention d'un système de ventilation appliqué aux ateliers de polissage des lames d'acier, ainsi que l'introduction d'un procédé pour éviter les ruptures des meules servant au polissage. Ces perfectionnements ont été récompensés par un prix Monthyon à l'Académie des sciences de Paris en 1872 et ont valu à M. Alfred la décoration de la Légion d'honneur. Son père, mort en 1871, au lendemain de l'annexion à l'Allemagne, avait obtenu longtemps auparavant du gouvernement français la croix de commandeur. En 1849, les électeurs du département du Bas-Rhin l'avaient choisi pour les représenter au Corps législatif, de même que, depuis 1881, ils ont confié à son fils le mandat de député au Reichstag.

Tous deux se sont occupés également de questions d'économie politique, suivant les besoins de l'époque. Un publiciste célèbre, Michel Chevalier, a fait un grand éloge des ouvrages du père publiés à Paris sous les titres : *De l'avenir de notre société* (1856); *Libre échange et protection* (1859); *La France et l'Angleterre devant le traité de commerce* (1860). Lors des études préparatoires pour la construction du chemin de fer et du canal de la Zorn, le père Goldenberg a fait paraître un mémoire important sur cette question au point de vue commercial. Son fils, élu en 1865 au Conseil général du Bas-Rhin, a écrit en 1870 un autre mémoire sur les *Devoirs de l'Etat envers les populations forestières*. Ce dernier travail est un chaleureux plaidoyer pour le respect et le maintien des droits d'usage en faveur des populations forestières des Basses Vosges. L'administration contestait ces droits, ou du moins elle tendait à les réduire et à les éliminer successivement. Or, dit M. Goldenberg, « à peine la suppression du pâturage et du parcours avait-elle été décidée, que les étables se sont vidées, et on a pu, une fois de plus, constater l'influence funeste que la privation des jouissances forestières exerce sur l'agriculture des communes de la montagne. Ce retour aux anciennes rigueurs du code forestier a été une cause de ruine pour bien des familles, dont les membres ont dû quitter leurs villages appauvris pour chercher à la ville le gain nécessaire à leur subsistance. »

A l'enquête agricole de 1866, à laquelle il a pris une part active, comme dans le cours des débats pour la révision du code forestier au Landesausschuss en 1880, M. Alfred Goldenberg s'est fait le défenseur convaincu des droits d'usage de nos populations forestières.

La gestion de ses établissements l'ayant obligé à déposer son mandat de membre de la Délégation d'Alsace-Lorraine, il a conservé néanmoins la présidence du comice agricole de son arrondissement jusqu'au jour où une ordonnance du gouvernement a relevé de leurs fonctions les présidents élus par les membres sociétaires, pour les remplacer par les Kreisdirectors ou des personnages de son choix. Au milieu de ses occupations multiples et dans l'intervalle de voyages fréquents à l'étranger, nécessités par son industrie, M. Goldenberg consacre ses loisirs à l'étude de l'archéologie alsacienne. La Société pour la conservation des monuments historiques de l'Alsace lui doit plusieurs communications intéressantes et la découverte d'une forteresse gallo-romaine au Gross-Limmersberg, dans les environs de Saverne. Jouissant d'un renom justement acquis comme métallurgiste, ses avis font autorité dans cette branche d'industrie si importante. A l'exposition internationale d'Anvers en 1887, le gouvernement belge l'a désigné comme membre de la commission centrale du jury pour les récompenses. Tous les services qu'il a rendus et qu'il continue à rendre aux populations de la Basse-Alsace, avec un désintéressement extrême, lui ont valu dans le pays une grande popularité.

ANT. MEYER, PHOTOG. COLMAR — DÉPOSÉ

HÆRTER, Jean-François

HÆRTER, François-Henri

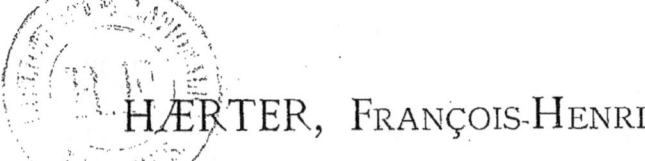

Naquit à Strasbourg le 1ᵉʳ août 1797. Son père, dont il était l'unique fils, descendait d'une ancienne famille strasbourgeoise; un de ses ancêtres porta la bannière de la ville, alliée des Suisses, dans la guerre contre Charles-le-Téméraire. Sa mère, Louise-Frédérique Rhein, mourut lorsqu'il était encore en bas âge.

Sa jeunesse ne fut point heureuse; il connut la pauvreté. A côté de ses devoirs d'école, il devait aider son père dans son modeste commerce de confiseur. Malgré cela il fut un élève distingué, et à l'âge de seize ans il reçut un certificat très honorable à sa sortie du gymnase. Hærter avait un goût particulier pour les sciences exactes, et voulait entrer à l'école polytechnique; mais son père désirant le voir se consacrer au saint ministère, le jeune homme fit le sacrifice qui lui était demandé. Il suivit les cours de théologie de 1816 à 1819. Pendant ses études, il dut pourvoir à son entretien et à celui de son père malade, en donnant des leçons; il employait la plus grande partie de ses nuits au travail.

Il venait de passer brillamment son examen de bachelier en théologie, quand son père mourut; il put dès lors satisfaire son besoin d'apprendre et visiter les universités les plus en renom. Le bâton à la main, le jeune étudiant parcourut la France et l'Allemagne. A Halle, il s'attira la reconnaissance de tous les étudiants et du professeur Wegscheider par un dévouement remarquable, qui lui valut, à un moment donné, une maladie de la gorge et le mit deux fois aux portes du tombeau.

Le 7 mai 1823 il fut nommé pasteur à Ittenheim, près Strasbourg ; il se maria cette même année avec Elise Kampmann, petite-fille d'un ancien professeur du gymnase. Elle fut pour lui une aide précieuse, mais lui fut enlevée prématurément. Le jeune pasteur s'appliqua de toutes ses forces aux devoirs de son ministère, dans l'église, dans les familles et dans l'école. Celle-ci se trouvait dans une situation déplorable, matériellement et moralement. Il parvint à améliorer le mobilier, la tenue de la classe, le chant, ainsi que le traitement de l'instituteur. Il fonda aussi entre les instituteurs des communes environnantes une association mutuelle d'encouragement et de perfectionnement. La paroisse sentait que son pasteur travaillait de tout son cœur pour le bien de la commune, et elle se laissait volontiers guider par lui. Il put ainsi, grâce à son énergique persévérance, réprimer certaines habitudes fâcheuses, provoquer de la part des autorités locales des mesures pour maintenir l'ordre et la tranquillité ; et bientôt le beau village d'Ittenheim fut transformé.

Comme orateur Hærter se faisait déjà remarquer et sa renommée s'étendait au-delà de sa paroisse ; on venait de la ville et de la campagne environnante pour l'entendre prêcher. Il avait aussi des connaissances médicales qu'il put utiliser dans maintes circonstances, surtout dans des cas pressants, en l'absence du médecin. Son œil sûr, son habileté pratique et sa persévérance lui permirent de faire de vraies cures médicales. Il passa bien des nuits auprès du lit des malades. En 1828 une violente épidémie ravagea le village. Le pasteur et sa femme se dévouèrent à soigner les malades et à assister les mourants ; mais madame Hærter fut elle-même victime de la contagion. Cette mort fut un coup cruel pour le jeune pasteur ; atteint aussi d'une fièvre lente, il désirait suivre sa compagne ; mais son heure n'était pas venue, il lui restait encore une œuvre à faire.

L'année suivante il reçut, sans l'avoir recherché, un appel du Consistoire de Strasbourg, pour desservir la paroisse du Temple-Neuf. Il eût préféré rester à la campagne ; néanmoins il crut devoir accepter et vint s'installer dans sa nouvelle église le 31 mai 1829. Sa santé ébranlée se raffermit, et il put déployer dans ce nouveau et vaste champ de travail, le même zèle et la même activité qu'il avait montrés précédemment. Il fut aidé et encouragé dans son ministère pendant douze ans par sa seconde femme, Frédérique Rausch († 1842), qui lui donna deux filles et fut une tendre mère pour les deux enfants, une fille et un fils, qu'il avait de son premier mariage.

Le pasteur Hærter traça un profond sillon à Strasbourg pendant les quarante années de son ministère au Temple-Neuf. Ses premières prédications lui attirèrent la confiance générale, et le nombre de ses auditeurs alla sans cesse en croissant. On se pressait aux portes de l'église longtemps avant l'ouverture du culte. Ses qualités oratoires puisaient leur source dans ses profondes convictions évangéliques, dans ses expériences intimes, dans la chaleur de son âme, dans la logique de sa pensée, dans la clarté de son exposition et dans la puissance de sa parole. On se souviendra longtemps à Strasbourg de la foi, du zèle, de l'amour qui passait de son âme sur ses lèvres, quand il exhortait les fidèles ; avec quelle charité il allait chercher les brebis égarées, avec quelle patience il écoutait ceux qui venaient lui demander conseil, et ceux qui ont eu le privilège de suivre ses instructions religieuses, ne sauraient les oublier. Il possédait des qualités pédagogiques qui rendaient ses leçons aussi attrayantes qu'instructives pour la jeunesse. Son enseignement se trouve résumé dans un manuel ou catéchisme : *Handbüchlein für Jung und Alt*, qui a été traduit en français. Cet ouvrage a eu plusieurs éditions et est en usage dans quelques parties de l'Alsace. Un bon nombre de ses *sermons* ont été imprimés séparément, mais jusqu'ici n'ont pas été réunis en volume.

L'activité du pasteur Hærter était immense. Il collabora à de nombreuses œuvres philanthropiques et religieuses. Il en fonda lui-même plusieurs, qui ont pris une grande extension. En 1838 il créa l'*établissement pour les servantes*, qui a été une bénédiction pour beaucoup de jeunes filles sans famille. En 1842 il jeta les bases de l'*institution des diaconesses*, œuvre bien modeste à son début, mais qui s'est développée d'une manière admirable et rend de si grands services pour le soin des malades. Il s'y rattache une maison de Retraite pour les vieillards, une Crèche, un Disciplinaire et une Maison d'éducation pour les jeunes filles, qui reçoit plus de 800 élèves.

Quarante années de travaux incessants et d'une activité multiple avaient usé les forces du vénéré pasteur. Une congestion cérébrale lui rendit la parole et le travail fort difficiles. Il fut secondé dans les dernières années par son gendre, puis par son fils, qui est devenu son successeur. — Une autre épreuve aussi l'attrista vers la même époque : il eut la douleur de voir brûler son cher Temple-Neuf pendant le bombardement de 1870 !

Il se préparait à célébrer la 50ᵉ année de son ministère en 1873, lorsqu'une nouvelle attaque lui enleva la mémoire. Il vécut encore jusqu'au 5 août 1874, et s'endormit du dernier sommeil à l'âge de 77 ans.   Emile Dietz.

KÜSS, Émile

KUSS, Emile

Est né à Strasbourg, le 1ᵉʳ février 1815. Il fit ses études au Gymnase de sa ville natale et, à 18 ans, il les couronna par le diplôme de bachelier ès-lettres, seul exigé encore en 1833 pour faire les études médicales vers lesquelles il se sentait porté par une prédilection toute spéciale. Il puisa dans ce premier enseignement une instruction littéraire très solide qui l'aurait rendu très apte aux travaux de l'érudition, si une répulsion pour la littérature ancienne et une préférence marquée pour la littérature moderne n'avaient donné une autre direction à son esprit. Il dessinait très bien et aimait passionnément la musique.

C'est avec ces dispositions à l'indépendance du passé, ces aspirations vers l'avenir, ces dons et ces goûts artistiques qu'il entra, en 1833, dans la vie sérieuse des études médicales. Il se livra avec ardeur à l'étude de l'anatomie, dans laquelle il ne tarda pas à faire de grands progrès, si bien que, peu de temps après, il se présenta à un concours devant les médecins de l'hôpital civil pour une place d'interne surnuméraire, à la suite duquel il fut nommé; il devint interne titulaire en 1835.

Pendant la même année, il concourut pour la place de préparateur au musée de la Faculté de Paris. Ce fut par l'intermédiaire de son premier maître, le professeur Lauth, qu'il fut mis en rapport avec le professeur Breschet. Mais le 15 janvier 1836, il revenait à Strasbourg.

A son retour il s'exerça, sous la direction de Lauth, aux recherches microscopiques, dans lesquelles il devait trouver une mine féconde d'arguments pour ce qu'il appelait la science nouvelle, c'est-à-dire la physiologie. Les fonctions de prosecteur, qu'il emporta au concours en 1837, lui permirent de suivre cette voie et d'y briller.

Kuss acheva ses études médicales le 31 août 1841, en soutenant une thèse qui n'était pas de son choix, mais une dissertation imposée par le règlement d'alors, ce qui ne l'empêcha pas d'ailleurs d'y exposer des idées originales avec beaucoup de verve. En 1843 il fut nommé chef des travaux anatomiques, et en 1844, agrégé en chirurgie. L'année 1846 fut particulièrement fertile. Kuss communiqua à la Société de médecine, le 5 février, une notice de l'épithélium de l'intestin, et, le 7 mai, son travail sur la vascularité et l'inflammation. Le 8 août, il publia sa thèse du concours pour la chaire de physiologie, intitulée : *Appréciation générale des progrès de la physiologie depuis Bichat*, à la suite de laquelle il fut nommé professeur, et qui lui a valu le titre de « Précurseur de la théorie cellulaire ». En effet, pendant que Kuss se traçait sa voie d'une manière si laborieuse et si honorable, la chaire de physiologie de la Faculté était devenue vacante par la nomination de M. Boyer à Montpellier. Sur la proposition du doyen, M. Coze, Kuss fut chargé de son cours pendant le semestre d'été, et le concours pour la chaire vacante s'ouvrit le 1er juillet. Cinq candidats y prirent part : Lereboullet, professeur à la Faculté des sciences; Scrive, chirurgien-major, professeur de pathologie externe et de médecine opératoire à l'hôpital militaire d'instruction de Lille; Michel, docteur en médecine à Besançon; Strohl, agrégé à la Faculté de médecine, et Kuss, agrégé et chef des travaux anatomiques. Les noms de ces concurrents disent assez ce que dût être cette lutte et quel mérite il y eut à en sortir vainqueur. Kuss, âgé de 31 ans, « étonna, selon le dire de M. le doyen Stoltz, les juges et le public par l'étendue de son savoir, la facilité et la clarté de l'exposition ». Il fut nommé par cinq voix contre deux données à Lereboullet. La seule chose qui reste de lui de ce tournoi scientifique est sa thèse, qui est aussi son dernier écrit. Un évènement imprévu vint arrêter le cours de ces travaux si féconds. La révolution de 1848 avait éclaté subitement. L'activité de Kuss n'embrassait pas seulement les objets qui se rapportaient aux études médicales; il avait une âme patriotique qui aspirait au bonheur du peuple et par lui à la grandeur de la patrie; ses convictions politiques lui faisaient voir la république comme la forme de gouvernement la plus juste et la plus apte à réaliser ces aspirations. Il avait groupé autour de lui un certain nombre de jeunes gens qui, partageant ses opinions, furent bientôt liés d'une amitié étroite. Il fonda avec eux une édition hebdomadaire, en langue allemande, du journal intitulé: *le Démocrate du Rhin*, dont il accepta la gérance responsable. Le premier numéro parut le 3 janvier 1849. Le 13 juin, le journal déclara la patrie en danger; le 14, Kuss se rendit chez le préfet pour avoir des nouvelles de ce qui se passait à Paris; les républicains avaient observé des mouvements télégraphiques si expressifs, qu'il leur semblait que quelque chose de grave avait dû être arrivé. Le mutisme du magistrat augmente leur défiance, ils se rendent auprès du général, demandent des armes et des cartouches pour la garde nationale et l'occupation par celle-ci de la citadelle de moitié avec l'armée. Ces agitations avaient déterminé l'autorité à convoquer la garde nationale; Kuss, en sortant de la mairie, rencontra le tambour battant le rappel, il lui ordonna de battre la générale; en peu de temps on est sur pied et on attend... Rien de bien sérieux à Paris, n'avait motivé ces craintes. Mais l'autorité, surprise, crut à un complot de la part de Kuss et de ses amis. Elle les fit arrêter et conduire à la maison d'arrêt. La chambre des mises en accusation renvoya Kuss devant la cour d'assises, et il comparut devant le jury de la Moselle le 19 octobre. Les débats durèrent cinq jours. Le jury acquitta le prévenu qui était défendu par Jules Favre. Kuss rentra dans ses foyers et reprit sa vie militante. Ce qu'il avait craint alors ne devait se réaliser que le 2 décembre 1851.

Pendant ces évènements Kuss s'était marié, et la Faculté lui avait attribué un service nosocomial, ainsi qu'à la plupart de ses collègues. Il fut chargé, avec l'un d'eux, de la clinique des maladies cutanées et syphilitiques.

Quand la guerre éclata en 1870, il en fut profondément affligé, mais il resta à son poste. Le 29 août, il fut nommé membre de la commission municipale remplaçant le conseil municipal dissous, et lorsque le 11 septembre les Suisses qui pénétrèrent dans Strasbourg apprirent à ses habitants la chute de l'empire, et que le maire et les adjoints donnèrent leur démission, la commission municipale confia les fonctions de maire à Kuss. On ne pouvait lui imposer un plus pesant fardeau. En peu de semaines il avait vieilli de dix ans; sa santé, menacée depuis quelques années, en ressentit un contre-coup funeste. Les électeurs du Bas-Rhin l'envoyèrent comme représentant à Bordeaux. Il sortit le premier de la liste avec plus de 100,000 suffrages. En apprenant ce résultat, il dit : « Je partirai, puisqu'on le veut, mais je ne reviendrai plus ». Il succomba en effet le 1er mars, le jour où l'Assemblée accepta les conditions de la séparation de l'Alsace d'avec la France. La ville de Strasbourg lui fit de magnifiques funérailles.

LEVY, Maurice

Maurice LÉVY

INGÉNIEUR de mérite, savant distingué et professeur remarquable, tels sont les trois titres qu'il faut joindre au nom de Maurice Lévy pour résumer en trois mots la haute valeur de notre compatriote. Bien rares sont les hommes qui réussissent à mériter complètement un seul de ces trois titres : il a su les mériter tous les trois.

Né à Ribeauvillé le 28 février 1838, Maurice Lévy commença ses études au collège de cette ville et les continua à celui de Colmar. Ses parents voulaient faire de lui un industriel, et c'est dans ce but qu'ils l'envoyèrent à Mulhouse à l'Ecole de chimie ; mais son goût extraordinaire pour les sciences exactes, la tournure toute mathématique de son esprit se manifestèrent de telle façon que sa famille se détermina à l'envoyer à Paris, en 1854, faire à l'Ecole Sainte-Barbe ses mathématiques spéciales. Deux ans après, il entrait à l'Ecole polytechnique, d'où il sortait en 1858 comme élève-ingénieur au corps des ponts-et-chaussées.

A partir de ce moment, sa carrière scientifique se dessine avec netteté et il débute dans la publication de ces brillants travaux qui lui vaudront plus tard une des premières places parmi les premiers. Il faudrait un volume, rien que pour indiquer les sujets variés qu'a su embrasser sa vaste intelligence : aussi vais-je être obligé de me borner à une indication succincte des principaux points abordés par le savant alsacien.

C'est naturellement par des problèmes de mécanique qu'a débuté le jeune ingénieur : La résistance des ponts à poutres droites continues, une théorie du mouvement des liquides, de remarquables mémoires sur l'élasticité, font voir avec quelle justesse il savait mettre au point les théories les plus complexes; un livre remarquable : *La statique graphique appliquée aux constructions*, aussi connu à l'étranger qu'en France, résume d'élégantes solutions géométriques de divers problèmes relatifs à l'art de l'ingénieur. Mais ses travaux de science pure mettent encore plus en lumière ses merveilleuses qualités de mathématicien.

Son premier travail en ce genre est un mémoire de géométrie pure, publié en 1867, et qui, présenté comme Thèse à la Faculté des sciences de Paris, a valu à son auteur le titre de Docteur ès-sciences mathématiques avec toutes boules blanches. Dans ce travail, le jeune géomètre trouve d'une façon très élégante la condition que doit remplir une famille de surfaces pour que ces surfaces puissent faire partie d'un système triple orthogonal. Il publia ensuite un mémoire sur les coordonnées curvilignes (1869), une théorie des équations à dérivées partielles du second ordre à deux variables indépendantes (1872), cinq communications à l'Académie des sciences sur le problème des lignes géodésiques (1877). — En cinématique pure, il a étudié d'intéressantes propriétés des surfaces, et, dans la théorie mécanique de la chaleur, il a donné une élégante solution d'un problème, mis en équation pour la première fois par Duhamel, sur le refroidissement des solides en tenant compte de la chaleur dégagée par la contraction (1876).

Pendant ce temps, il effectuait de nombreux travaux d'ingénieur : de 1869 à 1871, il dirigeait les travaux d'amélioration de la haute Seine, donnait un nouveau système de ponts biais, et, réalisant une audacieuse conception, faisait pour la première fois passer, par un syphon gigantesque, l'égout collecteur de Bercy par dessus le canal Saint-Martin (1879-1880).

Quand, dans ces dernières années, l'électricité eut pris, par droit de conquête, sa place à côté de la vapeur, Maurice Lévy s'occupa aussitôt de la capitale question du transport de la force à distance et donna, en 1882, de remarquables conclusions sur le rendement maximum des dynamos employées à cet usage ; ce fut aussi lui qui fit, en 1886, le rapport demandé par l'Académie sur les expériences de Creil.

Tant de travaux si beaux valurent à leur auteur de nombreuses distinctions : en 1862, il remportait le prix du service actif comme ingénieur des ponts-et-chaussées ; il obtenait la médaille d'or en 1867, le prix Dalmont en 1870, le prix Poncelet en 1878. Nommé professeur suppléant au Collège de France en 1874, professeur à l'Ecole centrale en 1875, membre du Congrès d'électricité en 1881, Maurice Lévy reçut en 1883 la seule récompense digne de sa haute valeur scientifique : il fut élu membre de l'Académie des sciences dans la section de mécanique et fut appelé à s'asseoir au milieu des illustrations de la science française sous cette coupole de l'Institut qui a abrité et abrite encore tant de fils de l'Alsace qui ont fait honneur à leur pays natal. — En 1885, il fut nommé professeur titulaire au Collège de France en remplacement de Serret. Aujourd'hui, il est ingénieur en chef des ponts-et-chaussées, examinateur d'entrée et de sortie à l'Ecole centrale : il est officier de la Légion d'honneur et de l'Instruction publique et vient d'être nommé associé étranger de l'Académie royale des sciences d'Italie.

J'ai retracé en quelques lignes la carrière du savant : il me reste encore à dire un mot du patriote.

En 1870, quand l'heure du désastre sonna pour notre pays; quand la France envahie succombait sous le nombre; quand nos armées surprises ne pouvaient opposer aux engins de l'ennemi que la valeur individuelle, que le dévouement surhumain de nos soldats manquant de tout, il y eut des hommes de cœur qui eurent la fermeté de relever la tête pour regarder en face cette situation terrible; il y eut des Français qui pensèrent que le devoir était de lutter jusqu'au bout : Maurice Lévy fut de ceux-là. Mettant au service d'un patriotisme ardent le sang-froid du mathématicien et la science de l'ingénieur, il organisa dans les provinces non encore envahies la fabrication des canons. Des prodiges de rapidité furent faits, et en quelques semaines, sous l'impulsion de l'ingénieur alsacien, l'industrie privée livrait à l'administration de la guerre 1300 pièces de canon, 2450 affûts, 3500 caissons, 263,000 obus et les harnais pour 37,000 chevaux. — C'est dans un rapport adressé après la guerre à M. Lefranc, ministre de l'intérieur, par M. H. Durangel, que j'ai constaté cette part que notre compatriote a prise à la lutte, et j'ai tenu à la rappeler ici en terminant ces lignes : elle nous fait voir qu'après avoir bien mérité de la science, Maurice Lévy a bien mérité de la patrie.

ALPHONSE BERGET,
docteur ès-sciences,
attaché au Laboratoire de recherches physiques
à la Sorbonne.

DIETERLEN, Jacques-Christophe

DIETERLIN, Jacques-Christophe

Est né à Sainte-Marie-aux-Mines, le 3 octobre 1818. Après avoir fait dans son endroit natal son apprentissage commercial et industriel, il se rendit à Paris, pour s'y perfectionner. Il sut résister aux entraînements de la grande ville, et loin de perdre les convictions religieuses qu'il avait puisées au sein de sa famille, il y sentit naître et croître en lui cet esprit de charité qui fut un des caractères distinctifs de sa vie. C'est là également que se cimenta l'amitié qui devait l'unir pour la vie à M. Steinheil.

En 1846, il épousa Mademoiselle Julie Steinheil, et entra dans la maison Pramberger, qui avait introduit à Rothau l'industrie cotonnière. L'année suivante se forma la société Steinheil, Dieterlin et Cⁱᵉ qui prit la succession de la maison Pramberger et dont M. Dieterlin devint un des gérants.

M. Dieterlin pensait que la fortune n'était pas le seul but que devait poursuivre l'industriel, qu'il en était un autre plus élevé et plus noble, que le sort matériel et la vie morale de ses ouvriers devaient être l'objet constant de ses préoccupations. Il voua toute son âme et toute sa vie à cette tâche. Pendant les vingt-cinq années qu'il passa à Rothau, il associa ses efforts et ses largesses à ceux de M. Steinheil pour la création d'institutions d'assistance mutuelle et de prévoyance destinées à garantir à l'ouvrier des secours en cas de maladie, une retraite aux invalides du travail, des pensions aux veuves et à constituer un fonds de prêts pour faciliter la construction et l'acquisition de maisons. Mais à côté de cette action commune, M. Dieterlin se réservait ses œuvres spéciales. C'est ainsi qu'il fonda et entretint jusqu'à 1872 à Rothau, un hospice modeste, il est vrai, mais où bien des vieillards terminèrent leur vie en paix et à l'abri du besoin, et où furent élevés bon nombre d'orphelins. Plusieurs villages du Ban-de-la-Roche connurent également les effets de son infatigable philanthropie. Chaque semaine il allait les visiter et partout il laissait des souvenirs de sa libéralité. Il établit, notamment à Wildersbach, de concert avec un autre membre de sa famille, un orphelinat de jeunes filles, qui subsista jusqu'en 1873.

Mais M. Dieterlin ne se contentait pas de faire le bien. Il s'efforçait de communiquer autour de lui, par la parole et par la plume, un peu de l'ardeur charitable qui brûlait en lui. Il collaborait à plusieurs feuilles populaires, et ses articles étaient toujours pleins de saveur et d'à-propos. Parmi ses écrits, ses traités sur *la Prière*, sur la *Religion pure et sans tâche*, les deux volumes intitulés l'*Ami chrétien des familles* sont très répandus. Il savait à merveille le langage qui convient au peuple. Ses œuvres se distinguent par l'élévation des pensées, qu'un style sobre et austère rend accessibles au plus humble. Souvent il donne à ses pieuses inspirations un tour familier d'un charme séduisant. On peut dire qu'il a fait autant pour l'éducation morale de ses ouvriers que pour leur bien-être matériel.

La guerre de 1870-1871 fut un coup terrible pour M. Dieterlin. Les malheurs qu'elle déchaîna le frappèrent si cruellement, que sa santé en fut ébranlée. Il quitta Rothau en 1872 pour aller se fixer dans le département des Vosges, où il participa à la fondation de l'importante usine de

Thaon. Il porta aussi longtemps qu'il put le lourd fardeau de cette vaste entreprise ; mais sa vie était atteinte dans sa source. Bientôt ses forces la trahirent, et en 1874, il se vit obligé d'abandonner l'industrie. Ses derniers jours furent complètement consacrés aux œuvres de bienfaisance qui depuis de longues années constituaient son occupation favorite.

M. Dieterlin est mort à Paris, dans sa cinquante-septième année, le 23 juillet 1875. Cet homme de bien fut unanimement pleuré. Ses restes mortels ont été ramenés à Rothau où habite son fils aîné, qui lui a succédé dans la gérance de la maison Steinheil, Dieterlin & Cie.

ANT MEYER, PHOTOG COLMAR   DÉPOSÉ

J. J. KARPFF, dit Casimir

KARPFF, Jean-Jacques

Est né à Colmar, en février 1770. Son père était un honorable bourgeois de la ville, maître-menuisier de son état. Sa mère était une de ces femmes chez lesquelles un grand bon sens et une intelligence pénétrante, remplacent souvent avec avantage une culture plus relevée. Les dispositions artistiques de leur fils se révélèrent dès sa plus tendre enfance; à l'âge de quatorze ans, en saisissant la ressemblance d'une physionomie par un trait légèrement ombré, il laissait entrevoir déjà sa vocation. A mesure que ses facultés se développèrent, son goût pour le dessin et la peinture se prononcèrent d'une façon plus déterminée, et grâce à de généreux protecteurs, le jeune Karpff reçut une éducation favorable au développement de son génie naturel.

Les premiers éléments du dessin lui furent enseignés, au gymnase protestant, par Joseph Hohr, qui ne manquait pas d'un certain talent, quand on songe à l'état de l'art en province à cette époque. Quelques artistes de Paris, entre autres MM. de Saint-Quentin, peintre du Roi, et B. Lebert l'aîné, que des fabricants d'Alsace avaient fait participer à leurs travaux, habitaient alors Colmar; ils se firent un plaisir de contribuer par leurs conseils aux rapides progrès du jeune élève, qui les intéressait autant par la douceur de son caractère que par son ardent enthousiasme pour l'art.

J. J. Karpff donnant de sérieuses espérances, on l'envoya en 1790 à Paris, où il fut admis à l'école de David. Là ses nouveaux condisciples lui imposèrent le sacrifice de son nom de Karpff, d'une prononciation trop difficile pour le maître et ses élèves; on lui donna le surnom de *Casimir*, qu'il adopta lui-même, en signant Casimir Karpff, ou simplement Casimir.

En 1793, il avait formé le projet d'achever ses études à Rome, et David, son maître, lui donna un certificat de civisme, la veille de la mort de Louis XVI. Mais ce voyage ne se réalisa pas, et le 5 mars 1793, Casimir s'adressa à son protecteur M. Knoll, qui faisait partie de la municipalité, pour obtenir les moyens « de jouir deux ans de plus » des leçons du maître célèbre qui apostilla d'ailleurs la lettre.

Une école centrale ayant été fondée à Colmar, Karpff fut rappelé de Paris, pour y exercer l'enseignement du dessin. Il avait alors vingt-cinq ans. Le jeune professeur y organisa une école d'après la bosse ou les plâtres des plus belles statues antiques qui venaient d'enrichir le musée du Louvre. Casimir, connu pour un homme de goût, qui avait vu à Paris les décorations monumentales exécutées d'après les dessins de David, fut chargé par les autorités locales de l'ordonnance artistique et de la direction des fêtes républicaines dont le Directoire exécutif était alors prodigue. Le programme de ces réjouissances publiques, imitées des pompes de Rome et de la Grèce, offrait un curieux mélange de simplicité champêtre, de patriotisme et d'enthousiasme lyrique.

En 1805, le préfet du Haut-Rhin, Félix Desportes, fit connaître à l'impératrice Joséphine le beau talent de Casimir. En voyant le portrait du général Rapp, elle parut si satisfaite qu'elle voulut avoir le sien par le même artiste et le fit appeler auprès d'elle, lors de son séjour à Plombières, où elle lui donna quelques séances. L'homme est moins qu'il ne pense maître de sa destinée. Casimir quitta Colmar en 1806, pour aller à Paris, y achever le portrait de l'impératrice, et il ne revit plus sa ville natale.

Ce fut au château de Saint-Cloud que Joséphine donnait ses séances à Karpff. L'empereur l'ayant rencontré plusieurs fois à l'œuvre dit un jour à l'impératrice : « Tu fais donc faire ton portrait tous les jours ?... » Puis la prenant par la main, il salua l'artiste en le laissant au plus beau de son travail. Plus tard, Joséphine lui dit : « M. Casimir, mais... vous ne me demandez rien ?... » L'artiste, croyant qu'il était question d'argent, non d'une position, lui répondit avec une délicatesse qui fut une erreur : « Madame, attendons que le tableau soit achevé. »

Le portrait, en pied, de l'impératrice Joséphine en costume impérial figura avec d'autres dessins de Casimir à l'exposition de 1809, à la suite de laquelle il reçut la médaille d'or. A ce sujet David son ancien maître, lui écrivit : « Je vous le répète, et je l'assurerai à qui veut l'entendre, que l'on ne peut pousser plus loin l'art du dessin. »

Pendant son premier séjour à Paris, Casimir avait trouvé une seconde famille, dans la famille Babois. Quand il revint dans la capitale pour y achever le portrait de l'impératrice, il ne retrouva que le fils Babois et sa sœur, Madame Victorine Babois, personne d'une rare distinction, qui vivait retirée à Versailles, sa ville natale. Déjà sur le retour de l'âge, cette dernière offrit à Casimir, comme l'avaient fait ses parents, un lieu de retraite où la plus délicate amitié se fit un devoir de joindre à l'harmonie des sentiments, le prestige d'une modeste aisance. A partir de ce moment, l'artiste cultiva son art à peu près en amateur, et les vingt dernières années de sa vie s'écoulèrent dans ces douces relations où la conformité des idées, des opinions et de la philosophie avait si étroitement uni deux âmes sympathiques. Le 24 mars 1829,

Casimir Karpff mourut. Il fut inhumé au cimetière du Père-Lachaise où sa digne amie le rejoignit dix ans après.

Malgré la facilité avec laquelle il avait fait ses premières études au pinceau, Karpff sentit qu'il n'était pas coloriste, et il abandonna la peinture à l'huile, en quittant l'atelier de David, pour se vouer exclusivement au dessin ou à la peinture monochrome. Mais dans ce genre il devenait peintre et coloriste à sa manière. Ce qui distingua le talent de Casimir, ce fut un travail achevé, précieux sans sécheresse; quelque chose de doux et même de suave, uni à une grande vigueur; une touche spirituelle, brillante et si bien sentie, qu'elle semblait improvisée. Passionné dans la recherche de la perfection, il préférait attendre l'inspiration que de faire une œuvre forcée ou incomplète; il poussait même ce louable amour-propre d'artiste jusqu'à l'oubli de ses intérêts.

C'est dans le portrait qu'il a excellé : ses dessins à l'encre de Chine sur ivoire sont des chefs-d'œuvre. On ne peut mettre à la fois, dans un travail aussi correct, une simplicité de touche plus franche, plus sobre, pour rendre l'esprit d'une physionomie. Ses travaux finis avec tant de soin ne laissent guère entrevoir combien il y avait de sûreté d'exécution et de largeur de style dans ses études quand il faisait de premier jet une tête d'après nature. L'estompe, qu'il maniait avec une dextérité remarquable, n'était plus dans sa main qu'un pinceau large, délié, à la disposition d'une conception rapide et profondément pénétrée du caractère du modèle. Ses portraits à l'estompe, achevés au crayon noir, sont souvent poussés à une perfection qui rappelle la peinture flamande et qui semble aujourd'hui avoir devancé les merveilleux résultats de la photographie.

MURNER, Thomas

MURNER, Thomas

Le grand mouvement littéraire qui précéda l'époque de la Réforme, donna au génie satirique un essor qui trouva ses principaux représentants dans deux Alsaciens, le chevalier strasbourgeois Sébastien Brant et son rival de gloire, le moine franciscain Thomas Murner.

Murner naquit au mois de décembre 1475 à Strasbourg selon les uns, à Obernai selon les autres. Sa vie se partage en trois périodes, dont la première fut consacrée à la culture de la littérature classique. Après avoir complété sa première éducation dans plusieurs universités étrangères et y avoir acquis les divers grades académiques, il entra en 1499 dans l'ordre des Franciscains et fut envoyé comme professeur à Fribourg en Brisgau. C'est là qu'il publia, cette même année, son singulier livre *De phytonico contractu*, dans lequel, en traitant des ensorcellements, il prétend avoir été paralysé par une sorcière pendant sa première enfance, puis guéri. A la même époque parut l'*Invectiva contra Astrologos*, où l'auteur réfute les astrologues qui avaient prédit à l'empereur Maximilien Ier un mauvais succès, lors de sa campagne contre les Suisses. En 1501, Thomas Murner revint à Strasbourg et là il engagea, l'année suivante, avec le célèbre Wimpheling, auteur du livre intitulé *Germania*, cette lutte ardente qui provoqua une foule d'écrits pour et contre, et qui se termina par la confiscation du livre de Murner, la *Nova Germania*. Dans son *Chartiludium logices seu logiqua poetica vel memorativa*, qui parut à Cracovie en 1507, Thomas Murner représente les diverses idées abstraites et scientifiques sous des images empruntées à la nature, et figurées sur des espèces de jeux de cartes. Cette méthode, que l'auteur avait introduite à l'université de Cracovie, eut un grand succès. Le livre fut réimprimé deux ans plus tard à Strasbourg, puis, au commencement du dix-septième siècle, à Bruxelles et à Paris. Dans son livre *De reformatione poetarum*, qui parut à Strasbourg en 1509, il chercha à prouver que l'essence de la poésie est l'éloquence. En 1511, il publia à Francfort le *Ludus studentum Friburgensium*, dans lequel il établit les règles de la prosodie, au moyen des figures du damier ou du trictrac. La même année parut également à Francfort son livre intitulé *Arma patientiæ contra omnes seculi adversitates*. Enfin en 1515 fut imprimée à Strasbourg sa traduction de l'*Énéide*, in-fol. avec gravures sur bois, et en 1518, à Bâle, celle des *Institutes*, de Justinien.

La seconde phase de la carrière littéraire du docteur Murner est celle pendant laquelle il publia des œuvres satiriques antérieures à la Réforme et composées en allemand. En 1512 parut à Strasbourg la *Narrenbeschwörung* ou Conjuration des fous, composée sur le modèle de l'esquif des fous ou Narrenschiff de Sébastien Brant, qui avait paru une quinzaine d'années auparavant. Son but, à ce qu'il dit, était non de peindre les fous, mais de les conjurer, de les forcer à sortir du pays. De même que Geiler de Kaysersberg avait commenté en chaire le livre de Sébastien Brant, Murner, à ce qu'on prétend, fit des conférences sur son propre livre à Francfort-sur-le-Mein. Cet ouvrage fit immédiatement une si grande sensation, que l'empereur Maximilien Ier, des mains duquel Murner avait reçu, à la diète de Worms, en 1506, la couronne de lauriers des poètes, s'adressa au Magistrat de Strasbourg pour le prier de permettre au docteur d'accepter un emploi à sa cour. La Conjuration des fous, qui eut une foule d'éditions au seizième siècle, fut suivie de très près par la *Schelmenzunft* ou Corporation des fripons, imprimée la même année à Francfort. Ce nouveau livre, qui est une continuation du premier, fut également édité un grand nombre de fois; il fut même traduit, au commencement du dix-septième siècle, en latin et peu après en hollandais. La plume de Murner fournit ensuite un poëme allégorique intitulé *Eine andächtige geistliche Badefahrt*, et une satire portant pour titre *Die Mülle von Schwyndelsheim*, qui sortit des presses de Strasbourg en 1511. Une autre satire intitulée *Die Gäuchmatt* ou le Préau des voluptueux, dont le Magistrat de Strasbourg défendit la publication, sur l'avis du chancelier Brant, à cause des détails trop libres qu'on reprochait à cette composition, fut publiée par Murner à Bâle en 1509 et parut derechef plus tard à Francfort.

La troisième période de la vie de Thomas Murner est celle dans laquelle il se posa en antagoniste de la Réforme qui, venant de maîtres, remuait déjà la vieille société européenne jusque dans ses fondements. Le moine satirique, tout en ayant rudement flagellé les mœurs de son époque, se déclara néanmoins le champion des anciennes croyances et tourna toute sa verve contre les novateurs qui s'étaient donné la mission de réformer le monde. Il lança dans le public les écrits les plus mordants contre le chef de la Réformation et contre ses adhérents.

En 1520, Murner faisait à Strasbourg un cours de jurisprudence. A cette époque déjà, les écrits contre le protestantisme ne trouvaient plus d'autre imprimeur dans cette ville que le seul Jean Reinhardt Grüninger, chez lequel parurent toutes les publications antiréformistes de Murner. Peu après, le roi Henri VIII, désirant exploiter les talents et peut-être aussi la plume de ce dernier, dans la lutte théologique qu'il allait entamer contre Luther, l'appela en Angleterre. De retour à Strasbourg, vers la fin de l'année 1523, Murner recommença à faire la guerre aux réformateurs strasbourgeois, notamment à Capito et Bucer, en lançant contre eux des écrits qui provoquèrent une polémique ardente. Depuis lors sa vie fut des plus troublées. Nous le voyons en 1524 à la diète de Nuremberg, puis à l'assemblée de Ratisbonne. Le Magistrat de Strasbourg lui intime ensuite l'ordre de ne plus revenir dans cette ville, sous prétexte que sa présence y était un obstacle à la paix publique, et il se réfugie à Obernai, que la guerre des Paysans l'oblige bientôt à quitter pour aller à Lucerne. Là sortirent de sa plume de nouveaux écrits de controverse qui le firent expulser de la Suisse. Plus tard on le voit figurer à la cour palatine de Heidelberg, et enfin, en 1535, nous le retrouvons à Obernai, où il passa les trois dernières années de sa vie et où il termina ses jours, en qualité de curé de l'église de Saint-Jean, bénéfice qui lui avait été conféré par les nobles d'Oberkirch.

ANT. MEYER, PHOTOG. COLMAR   DÉPOSÉ

RISLER, Mathieu

RISLER, Mathieu

1782-1871

FONDATEUR de l'asile agricole de l'Ochsenfeld, chef d'industrie et ancien maire de Cernay, est né à Mulhouse le 14 juillet 1782. Sa famille, originaire de Porrentruy, dans la Suisse française, s'est établie à Mulhouse en 1540. Après avoir fait à Paris de bonnes études de mécanique et de chimie industrielle, il a fondé à Thann la première fabrique de produits chimiques en 1805, acquise quelques années plus tard par Charles Kestner. L'industrie des toiles peintes l'occupa ensuite. En 1808, il construisit avec son frère Jérémie la première machine à imprimer au rouleau à plusieurs couleurs et le premier appareil de teinture à la vapeur. Jusqu'alors les toiles peintes recevaient les couleurs au pinceau ou appliquées à la main, avec des planchettes gravées. L'emploi de la machine à imprimer au rouleau augmenta beaucoup la production, de même que la substitution du métier mécanique au métier à bras dans le tissage. Pourtant vers 1817, les deux frères Risler abandonnèrent de nouveau l'industrie de l'impression sur tissus pour établir à Cernay des ateliers de filature, de blanchiment et de constructions mécaniques. Associés à un constructeur anglais, appelé Dixon, ils construisirent dans leur établissement des machines de toute espèce, dont plusieurs de leur invention sont brevetées sous leur nom : aux expositions industrielles de Paris, ils ont obtenu plusieurs médailles d'or. Parmi les machines sorties de leurs ateliers, en l'espace de huit années, figurent 350,000 broches à filer le coton, 1800 métiers à tisser, des cardes à tambour en stuc, des étirages, des batteurs, 28 machines à imprimer au rouleau, 43 moteurs à vapeur et autant de roues hydrauliques, des machines à papier continu. Le haut-fourneau de Masevaux et plusieurs fours pour deux fusions travaillaient en même temps pour ces ateliers.

Après 1830, Jérémie Risler quitta Cernay pour s'associer à André Kœchlin, le grand constructeur de Mulhouse, tandis que Mathieu continua à exploiter jusqu'en 1842 la filature et le tissage mécanique, dont son fils George, aujourd'hui membre du conseil général du Haut-Rhin prit alors la direction, de même qu'il lui a succédé plus tard comme maire de Cernay. C'est pendant son administration municipale, que Mathieu Risler, allié par sa femme aux Dollfus de Mulhouse, créa en 1848, avec le concours de quelques amis l'asile agricole de l'Ochsenfeld sur le territoire de Cernay. Qu'on nous permette d'entrer dans quelques détails sur cette œuvre philanthropique soutenue par un groupe de chefs d'industrie du Haut-Rhin.

L'asile agricole de l'Ochsenfeld touche le chemin de fer de Mulhouse à Wesserling, près de la station de Cernay. Créé en 1848, il a reçu depuis sa fondation quelques centaines d'enfants recueillis dans l'établissement, en associant le travail agricole à l'instruction primaire d'après les principes d'éducation de Pestalozzi et de Fellenberg. Ses pensionnaires, une fois rendus à la société, font souche d'honnêtes gens. Pour être admis, les enfants doivent être âgés de 6 ans au moins, de 12 ans au plus : ils restent dans l'asile jusqu'à 15 ans. Quelques-uns paient leur pension, fixée à 250 francs par année. Ceux qui manquent de ressources sont entretenus au moyen de dons. Chaque année, on reçoit 5 ou 6 pensionnaires, en remplacement de ceux arrivés à la limite d'âge. Actuellement le nombre des élèves est de 32, vivant en famille avec le directeur. A vrai dire l'asile est une ferme école, plus efficace que nos autres écoles d'agriculture entretenues aux frais de l'Etat. Les travaux de culture y alternent avec les études élémentaires des écoles primaires ordinaires. Sauf pour la fenaison et pour la moisson, travaux pour lesquels le directeur emploie des journaliers, toute l'exploitation est soignée par ses pensionnaires. Les plus forts font le jardinage ou s'emploient à conduire les machines agricoles. Les plus petits manient la bêche et s'occupent surtout de sarclage. Si à certaines époques de l'année, les enfants et leur maître sont davantage aux champs, l'irrégularité des heures de classe a une compensation dans la présence continue des enfants à l'asile, où manquent les longues vacances accordées aux écoliers ordinaires. Avec cela, la culture des terres arables embrasse une superficie de 15 hectares dont une partie en vignes, plus 30 hectares de prés irrigables. Les étables, avec 16 têtes de bétail, sont confiées aux soins des deux pensionnaires les plus âgés.

Tous les enfants élevés à l'asile ne deviennent cependant pas cultivateurs. Ceux qui quittent la maison, sans perspective d'acquérir quelques champs à eux, préfèrent généralement apprendre un métier chez un artisan. Néanmoins les bons résultats obtenus n'en rendent pas moins désirable la multiplication d'institutions analogues. Un avantage à apprécier, c'est que les élèves retrouvent à l'asile de l'Ochsenfeld la vie de famille. Autour de ce foyer, où tout besoin matériel et moral obtient satisfaction, chacun réchauffe vite le corps et l'âme.

L'obligation acceptée par le directeur de vivre, avec sa famille, dans l'intimité des petits pensionnaires a le meilleur effet sur leur éducation. Demeurant au milieu des enfants, pendant les heures de travail, pendant les récréations, il est en état, à tout moment, sans discours prémédité, de leur adresser une exhortation, leur citer un exemple à suivre, leur apprendre à devenir honnêtes, laborieux, dévoués. « Nous nous appliquons, m'a dit M. Meyer, le successeur du digne et regretté M. Zweifel, dans la direction de l'asile, nous nous appliquons à saisir toutes les occasions et même à en faire naître pour développer chez nos enfants d'adoption des sentiments d'affection dans le but de combattre la sécheresse du cœur qui leur deviendrait funeste plus tard. Grâce à ces relations amicales, l'enfant, dont le cœur n'est jamais entièrement endurci, est amené insensiblement à éprouver, vis-à-vis de son maître, moins de crainte et plus de confiance. Nous sommes persuadés que la culture de l'intelligence aurait peu de prix, même du danger, si elle ne tournait pas au profit du cœur. »

Jusqu'au jour de sa mort, arrivée le 8 juin 1871, Mathieu Risler a suivi avec une paternelle sollicitude l'administration et le développement de l'asile agricole de l'Ochsenfeld, que continuent à soutenir les principaux chefs d'industrie de la Haute-Alsace.

Charles Grad.

www.ingramcontent.com/pod-product-compliance
Lightning Source LLC
Chambersburg PA
CBHW050645170426
43200CB00008B/1169